国家出版基金项目
教育部人文社科重大委托项目
世界女子高等教育及大学女校长研究

世界大学女校长◆女子大学丛书

世 界 大 学 女 校 长 ◆ 女 子 大 学 丛 书
Series on World Women University Presidents & Women's Universities

国家出版基金项目
NATIONAL PUBLICATION FOUNDATION

非洲大学女校长

Women Presidents of African Universities

张艳秋 等著

中国传媒大学出版社
Communication University of China Press

总 序

百年大计，教育为本。世界各国的经验表明，强国梦必须有科教梦做支撑。科教兴国，是中国的基本国策，是从教育大国到教育强国、从人口大国到人力资源强国的必由之路。高等教育处于教育体系的顶端，是联结科技与教育的重要桥梁。衡量一个国家科技和教育水平的高低，在很大程度上要看这个国家高等教育的水平。

回顾大学的发展历史，我们不难发现，一所大学办学质量的高低，往往取决于校长的水平。世界著名大学发展的每个重要阶段，都铭刻着大学校长的办学理念和思想，正如艾略特之于哈佛大学，蔡元培之于北京大学，梅贻琦之于清华大学。研究大学校长的办学理念和思想，是管窥一所大学兴衰成败的途径，而专门研究大学女校长，则独辟蹊径，别开生面。

中国现代教育史上，大学校长虽以男性居多，然而成就卓著的女校长也不乏其人。她们推动了大学的变革，丰富了大学的精神内涵，如金陵女子大学老校长吴贻芳，复旦大学前校长谢希德，东南大学前校长韦钰，同济大学前校长吴启迪，等等。女校长人数虽然屈指可数，但其业绩丝毫不逊于男性同行。大学女校长为高等教育的发展注入了活力，做出了贡献。大学女校长的治校理念、办学风格乃至传奇的职业生涯，确实值得深入研究和细致品味。

女子大学是高等院校序列中的一种特有形式，为世界高等教育的发展做出了重要贡献。著名的女子大学，如韦尔斯利学院、史密斯学院、淑明女子大学、日本女子大学、御茶之水女子大学，以及中国历史上的金陵女子大学、北京女子师范大学、华南女子大学等，都写下了光辉的篇章，是世界高等教育的重要组成部分。研究世界各国女子大学，总结提炼女子高等教育的办学经验和人才培养模式，探索现代女性接受高等教育的多样化形式，对于寻求符合女性特质的教育理念和教育方法，应该说是一种有益的尝试。

由中国传媒大学承担的教育部重大委托项目——“完善中国现代大学制度视域中世界女子高等教育及大学女校长群体研究”课题，对以上两个领域进行了系统深入的研究。“世界大学女校长·女子大学”丛书，就是这一课题的主要成果。这套丛书分为四个系列：女子高等教育系列，考察全球女子高等教育的发展轨迹，呈现其办学传统和教育特色；中外大学女校长个案研究系列，以人物传记的形式深度追踪大学女校长的人生经历，剖析她们的成长历程、心智历练、办学理念和治校方略；女校长群体研究系列，群像式描绘某一国家或地区的大学女校长群体，彰显女校长个性的同时，探寻她们的共性；“世界大学女校长论坛”图文集锦系列，汇集展示了大学女校长在历届论坛上的真知灼见和绚丽风采。四个系列，四十余本，蔚为大观。

“世界大学女校长·女子大学”丛书，也是“世界大学女校长论坛”历时十三年深入研究高等教育及女性培养结出的硕果，是深化论坛主旨、促进女性事业和教育事业发展的学术行动。丛书的写作，依托“论坛”这一平台，深度访谈和研究了参加历届论坛的大学女校长，系统整理了多年积累的学术成果，可以说，“论坛”既是女校长们交流合作的舞台，也是本套丛书得以出版的重要基础。

自1995年北京第四届世界妇女大会召开以来，世界妇女运动取得了长足的进展，性别平等的高端主题——女性领导力，也已经是全球关注的议题，与女性学相关的课程在中国高校已经四处开花。今天，有识之士都深刻认识到，女性在社会各个领域的创造力和领导力，是推动社会全面发展的动力之一，也是人类文明进步的重要标尺。“世界大学女校长·女子大学”丛书，对于提升女性领导力，具有重要的参考价值，对于知识女性的成长具有积极的引导意义。

大学女校长是高等教育、女性、领导力的集结点，是知识女性的杰出代表，是自尊、自信、自立、自强的典型，她们不但为高等教育的发展做出了应有的贡献，更以自己坚韧顽强、宽厚包容、无私奉献的品质与情怀，阐释了女性领导力的独特内涵。对于广大女性来说，她们是教育典范和女性楷模，具有榜样的力量和示范的价值，定能引领青年女性沿着正确的道路勇敢前行。

女性的发展，既需要社会各方面的支持，更需要女性自身具备积极进取的意志和宽广博大的胸怀。希望丛书的研究成果能产生广泛和深远的影响，为女性高等教育提供宝贵借鉴，为精英女性的成长与成功给予智力支持；促进全社会更加重视女性平等的教育接受权和职业发展权；激励正在为打破“玻璃天花板”而奋斗的新一代女性，为女性领导力的培育与提高奠定坚实基础。

是为序。

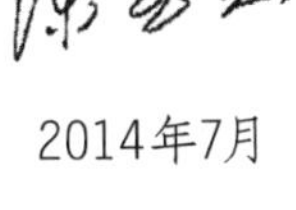

2014年7月

前　言

我在中国传媒大学工作近五十年，其中有三十多年在学校领导岗位上任职。这些经历让我有更多的机会体悟、思考女性接受高等教育的重要、女性走向领导岗位的不易。

早在1996年，我即萌生组织世界各国为数不多的大学女校长进行交流合作的想法，但当时忙于学校的学科建设和转型，这一想法被搁置下来。直到2001年，在诸多同事的帮助下，我才将这一构想变成现实，召开了大学女校长“新世纪高等教育发展战略国际论坛”。此后论坛每隔两至三年举办一次。2006年，论坛挂靠中国教育国际交流协会,组建了世界大学女校长论坛组委会，负责论坛的筹划、组织工作；2009年，在江苏有关部门的关心和支持下，成立了江苏中外大学女校长教育发展基金会，为论坛筹集资金。迄今，世界大学女校长论坛已在中国北京、南京、厦门举办五届，并在新西兰、日本、美国、土耳其、津巴布韦和墨西哥等地召开六次分论坛，吸引了79个国家的800余人次大学女校长。

十年来，在与各国大学女校长的交流互动中，我深刻地感受到，女性在高等教育领域作为决策者和领军者可谓凤毛麟角,其人生历练和办学实践值得浓墨重书。翻阅每位女校长的简历、细读她们给论坛提交的论文，总能激起我发自内心的共鸣，赞佩她们的治校理念、管理智慧和人格魅力。每一位女校长都拥有鲜为人知的心路历程、卓尔不凡的领导能力与永载史册的辉煌业绩。

我的一位好友、著名女性传记作家赵凤翔教授曾说："女人要写女人。"这给了我很大启发——女校长要研究女校长。追溯大学女校长成长、成才、成功的道路，总结女性领导力的形成规律和独特优势，开展大学女校长及女性领导力研究，出版相关研究成果，就成为"世界大学女校长论坛"活动的自然延伸。

2010年，我们筹划设立了"完善中国现代大学制度视域中世界女子高等教育及大学女校长研究"课题，组织来自中国传媒大学等单位80余人的研究团队，选定34个国家80余位大学女校长，进行个案研究和群像描绘；对23个国家的女子大学进行历史梳理与全面考察。2011年，这一课题获得教育部人文社科重大委托项目立项；2013年，由该课题主要研究成果结集而成的"世界大学女校长·女子大学"丛书，获得国家出版基金资助。

这套丛书由四个系列组成，具有三个鲜明特点。四个系列：女子高等教育系列、中外大学女校长个案研究系列、女校长群体研究系列和"世界大学女校长论坛"图文集锦系列。三个特点：一是全景式描述。丛书对世界范围内大学女校长及女子高等教育，首次进行比较全面的观照和挖掘。女校长研究既有共性的揭示与比较，又有个性的剖析与呈现；女子高等教育研究既有全球视野的巡礼，又有具体国别的探究。二是人物传记式的写作方法。丛书以访谈当事人、发掘第一手资料为基础，研究和写作的过程力求再现传主的人生轨迹、突出其办学理念和治校业绩。三是可读性强。传主的真知和作者的匠心历历可见，读者能够在图文并茂中感受到智慧和灵感的融会。

这套丛书是对女性通过教育追求真善美、通过自身努力彰显智仁勇的真实颂扬。著名女作家冰心曾说：这个世界如果没有女人，就会失去十分之五的真、十分之六的善、十分之七的美。女性不仅是真善美的化身，也应是智仁勇的写照。阅读这套丛书，我们可以了解到，女性如何通过交流互鉴，凝聚智慧、取得共识；体认困境，直面现实、自立自强；付诸行动，同心同力、坚持不懈。

这套丛书是对“女性是改造世界的温柔力量”的生动诠释。置身于男性居主导地位的社会管理体系中，女性要取得成功，需要充分展现女性特质，发挥女性优势，要以女性特有的视角观察、思考、解决问题。阅读这套丛书，我们可以看到女校长们如何在战略决策上，高瞻远瞩，运筹帷幄，引领未来；在具体工作中，体贴入微、心系师生，用愿景激励师生，用行动示范师生，用厚德包容之心协理校务；在领导风格上，追求完美和精致，重视以人为本，在管理中实现个人的发展与事业发展的契合。

这套丛书是对高等教育及大学女校长社会价值的全面展示。众所周知，高等教育是形塑社会结构及价值体系的重要载体，大学校长是具有社会象征、示范和引导意义的特殊群体。女性接受高等教育、女性担任大学校长，在改变高等教育生态的同时，也在潜移默化地影响着社会结构变迁、家庭角色分工、社会责任担当、时代价值导向。阅读这套丛书，我们可以看到女子高等教育和大学女校长的发展历程，正是社会不断进步、两性趋于平等的见证，而她们成长的艰辛和不易，也呼吁现代社会迈向更加平等、公正、和谐的完善之路。

丛书已然油墨飘香，感激的话语也充溢心头。感谢江苏中外大学女校长教育发展基金会为项目提供启动经费，感谢教育部将此课题列为人文社科重大委托项目，感谢国家新闻出版广电总局提供国家出版基金资助。特别感谢十一届全国人大常委会副委员长、第十届全国妇联主席陈至立女士担任项目和丛书的总顾问，并欣然作序。

感谢这套丛书的传主、作者和编审们。他们在繁忙的本职工作之余见缝插针，千方百计，保证了任务圆满完成。传主们倾力支持、积极配合；作者们夜以继日，数易其稿；编审们孜孜不倦，精益求精。这种认真负责的精神，令人感叹。课题跨越四载，屡遭挫折，历尽艰辛，常常使我们困扰于“山重水复疑无路”，而殚精竭虑之后的新意迭出，又使我们惊喜于“柳暗花明又一村”。我相信，不久的将来，作者之中定会有著名的传记作家、女性研究专家脱颖而出。

感谢中国传媒大学文科科研处、出版社，为项目的完成和丛书的出版提供了有力保障。丛书煌煌五十本，从策划、组织、申报、撰写到编辑、装帧，学校教师及出版社职工都是主力军，都是可靠、堪用、高效的突击队。如今项目和丛书按期完成、保质保量出版，我要向他们衷心致谢！

任何一项事业，都是“一人启其端，百人扬其华”。我只是一个组织者、牵线者，项目得以完结、丛书得以问世，应归功于各位热心的支持者、参与者。让每一位年轻的女性都能自由地筑梦、勇敢地追梦、幸福地圆梦，是我最乐意为之奔忙的事业。我们期待，有更多的有识之士能参与到这一有意义的工作中来。

刘继南

2014年7月于北京

目 录

上 编

中　编

下 编

上　编

○乌干达高等教育与女性发展及女性领导力培养

○乌干达布苾特玛大学校长玛丽·欧克瓦克

乌干达高等教育与女性发展及女性领导力培养

赋权女性是当今世界的主题，也是时代的需要。历史上，乌干达女性长期处于弱势地位，女性在追求性别平等以及自身发展的道路上曲折前行。1995年，乌干达新宪法颁布，政府积极提倡性别平等，女性权利日益受到社会重视。知识改变命运，乌干达国家和社会积极促进的教育平等政策使得越来越多的女性接受了高等教育，她们突破藩篱，不断争取与男性平等的社会权益，为自身及女性发展贡献一己之力。

一、乌干达国家政治、文化简介

提起乌干达，或许多数人脑海中会浮现出沙漠、草原的景象。但这并不是真正的乌干达。乌干达地处非洲东部，横跨赤道，是一个内陆国家，也被称为“非洲明珠”。乌干达拥有著名的维多利亚湖，尼罗河也发源于乌干达境内，丰富的水资源灌溉了富饶的土地；乌干达也有不少森林覆盖，野生动物种类繁多，有很多奇特的景观吸引着来往的游客。首都坎帕拉，目前是一个人口超过1600万的迅速发展的城市。

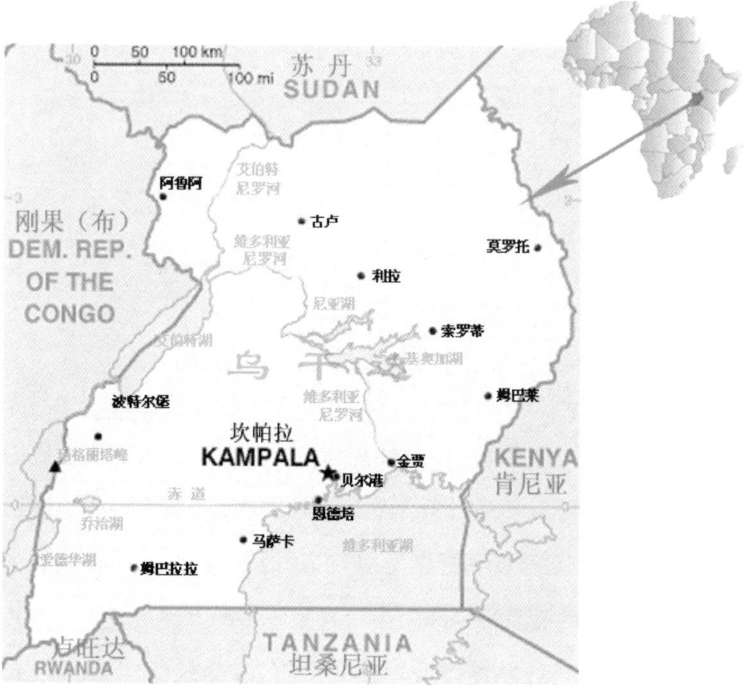

乌干达在非洲所处的地理位置以及乌干达地图

乌干达曾经为英国的殖民地。殖民时期前，布干达王国统治着这片土地。19世纪中叶，阿拉伯、英国、德国等殖民者相继来到乌干达，王国内部各种宗教的冲突，加之当地居民与外来者的冲突，引发连年战争。随着布干达王国衰弱，乌干达逐渐成为英国殖民地。1894年起，英国把乌干达作为“保护国”，纳入

乌干达首都坎帕拉

其管辖与统治。在非洲民族独立运动中，乌干达人民于1962年10月摆脱了英国的殖民统治，获得国家独立。

然而，独立后的乌干达，在政治、经济、文化、教育等方面深受英国殖民历史的影响。不幸的是，1971年，伊迪·阿明[①]发动的政治夺权运动夺走了几十万乌干达人民的生命，使乌干达社会深陷泥沼。1979年，乌坦战争[②]爆发，弥尔顿·奥伯托夺取政权，但乌干达国内情况并未改观。穆塞韦尼于1986年开始执政，并在接下来的总统大选中多次连任，国内社会处于相对稳定状态。随着非洲整体经济的发展，乌干达的经济状况逐渐好转。

作为东部非洲的内陆国，乌干达在社会现代化发展过程中步履艰难。一方面，境内部族政治派别的纷争、宗教冲突、党派纷争等制约着乌干达的社会发展；另一方面，生产方式落后、人口受教育程度不高、殖民依附经济以及部族主义的排他性和封闭性，给乌干达的现代化带来严重阻碍。20世纪80年代，国际局势紧张，乌干达国内局势也不稳定，并受到非洲经济危机的强力冲击。乌干达教育在财政经费严重缺乏的条件下处于停滞甚至倒退的状况，文盲率高，入学率极低，社会劳动力素质普遍低下，这些状况严重影响了乌干达社会发展。

性别不平等是非洲历史文化中的一种普遍现象，乌干达也不

---

① 伊迪·阿明，乌干达前总统，卡夸族人，1971年至1979年执政。他信奉伊斯兰教，主张部族主义，迫害乌干达阿乔利族、兰吉族和其他部族。据说，他共迫害和杀害了10万至30万乌干达人。

② 乌坦战争，在乌干达国内一般称为解放战争。这场战争起源于1978年乌干达侵略邻国坦桑尼亚；坦桑尼亚联合乌干达国内各反对势力进行反击，最终一举推翻了乌干达总统伊迪·阿明的独裁政权。

例外。传统文化赋予女性特殊的身份和价值定位，使得女性处于弱势地位，社会和家庭中都是男性掌握话语权。近年来，在国际社会和乌干达政府的共同努力下，乌干达的女性教育、女性领导力有了长足的发展。女性在现代化进程中积极挣脱性别不平等的枷锁，努力争取自身权利和自由。在此过程中，乌干达女性地位逐渐上升，女性教育的发展成为乌干达女性发展与女性领导力发展的关键。

二、乌干达教育状况背景、教育制度概况

殖民时期，乌干达教育尽管接受政府的指导，但教会团体对其影响更大，成为控制教育的主导力量。教会与政府经常共同协作，改进和完善学科设置。基督教教会在乌干达所开设的学校，一定程度上促进了当地教育事业的发展。英国政府在乌干达设立了教育部，以满足乌干达教育发展的需要。这些举措在一定程度上激发了部分乌干达人接受教育的欲望，创造了较为可行的教育政策，为乌干达部分地区教育事业的发展奠定了基础。当然，随着社会的发展，这些政策的弊端给乌干达社会也造成了不同程度的负面影响，教育改革势在必行。

长期以来，乌干达的经济以农业为主，农业人口占总人口的90%。虽然乌干达提倡人人平等享有教育权，但事实上，农村人口在接受教育方面一直处于不利地位。

乌干达取得民族独立后，长期处于政治动荡之中，人口迁移频繁，就业机会下降，艾滋病泛滥，这些因素极大地影响了乌干达教育的发展，很多人无法享受接受教育的基本权利。独立后的乌干

达，经历了20世纪70年代的经济发展与政治危机，八九十年代的稳步发展，以及21世纪的突破发展，乌干达教育事业也因此经历了风风雨雨，起伏跌宕。

乌干达饱受缺乏高技术水平人才的痛楚，这一问题甚至成为影响乌干达国家现代化发展的主要障碍。对此，乌干达的相关部门调整教育战略，增加学科设置与国家建设的相关性，增加技术培训教育，以适应国家建设的需要。在乌干达政府的努力与国际组织的援助下，乌干达教育事业艰难前进。

独立后的乌干达政府在教育方面发挥着主导性的作用，在财政、管理、行政等方面多管齐下，促进教育事业的发展。历届政府在不同阶段制定了教育与培训发展目标，例如，要不断提升学龄儿童接受初等教育的数量，以求每位公民具备基本的技能与文化常识，最大限度地发挥自身潜能并实现人生完满；同时，教育的发展力求为社会各领域提供充足的人力资源，满足乌干达社会发展对人力的需求。乌干达政府对国家教育的重视，既源于对国内公民接受教育权利的尊重与承诺，也是对履行国家法律宗旨采取的现实行动。

乌干达学制结构主要还是沿袭了英式教育传统。其中，初等教育7年，初级中等教育4年，高级中等教育2年，高等教育3到5年。此外，还有学前教育、特殊教育、职业技术教育和其他非正规教育等。乌干达在20世纪80年代经历政治动荡后，教育取得了可喜的进步，这首先表现为初等教育学校数量的迅猛增长。尽管学校数量和入学率的增长让人民看到了希望，但是男女学生、城市农村孩子接受教育机会的不均等问题，仍旧长期困扰着乌干达的教育人士。

乌干达最早的公立大学——马凯雷雷大学

乌干达现有9所公立大学和31所私立大学[1]，其中，马凯雷雷大学（Makerere University）是乌干达最有名的公立大学。

① 参见http://en.wikipedia.org/wiki/List_of_universities_in_Uganda

如今，乌干达年轻人，无论男女，均希望通过教育成就未来，用知识改变命运。在首都坎帕拉，你会经常看到学校附近脚步匆匆的年轻人手捧讲义，穿梭在人海中，为自己的未来做足准备。

乌干达的教育行政制度仍为集权模式，国家教育委员会负责全国的教育事务。但国家教育委员会面临诸多挑战，例如，解决教育管理部门的执行力问题，以及获得充足的财政资源问题等。经过20世纪七八十年代的政治动荡、军事风波以及经济危机，乌干达教育财政的紧缩严重影响了乌干达教育的正常运行，教师工资待遇偏低，学校硬件条件改善缓慢。为此，乌干达取消了单一的高等教育公费制度，引入双轨制收费制度。目前，尽管教育事务有了进一步的发展，但乌干达依然存在教育机会不平等现象，各个学校教学质量存在很大差距、城市农村以及男生女生接受教育机会不均等、教师和学术人员短缺等问题依然存在。

三、影响乌干达女性教育发展的因素

在全球化的今天，国家间的竞争很大程度上是教育与人力资源的竞争。乌干达长期以来存在的问题，给乌干达带来了很多负面影响，制约影响着乌干达的现代化进程以及国家竞争力的提升。其中，女性教育的普及与深化、女性意识与地位的提升、女性领导力的倡导等问题，成为本研究关注的重点。影响乌干达女性地位的提升及女性教育发展的因素来自多方面。

第一，家庭方面，父母通常对女孩子接受教育观念保守。尽管早期的传教士和今天的政府不断规劝一些父母把女孩子送入学校，但是传统观念和习俗根深蒂固，使女性受教育的机会大打折扣。长期以来，乌干达男女有别的思想严重，大部分女性被塑造成在家里相夫教子，管家务、做家务的角色。父母不希望女孩子将来去外地做一番事业，认为照顾家庭是女人的责任和义务。只有较为开明的家长才愿意把女孩子送入学校接受教育。在乌干达，女性相对于男性处于从属地位，多数情况下，父亲在家庭中享有决定权，他们中间的大多数都不愿意送女儿去读书。而那些想把女儿送去学校的父母，又不得不把家庭经济条件作为他们考虑的首要因素，学费支出让不少家庭把上学的机会留给家里的男孩。在影响孩子入学的诸多因素中，父亲的职业和收入是一个关键参照指标。据统计，多数接受教育的女生多来自商人、农场主等家庭，父亲的收入对于女孩能否接受教育具有决定性作用。

第二，乌干达地区早婚早育现象相当普遍，婚外孕和早孕状况限制了女性接受教育的机会，很多女性没有办法接受完整的教育。在2001年，由婚姻或怀孕引起的女生辍学占13.3%，很多女孩子不能正常接受完整的课程学习。社会传统方面的压力，使大多数乌干达人认为生孩子就是女性对社会作出的最大的贡献，而大多数女孩也会优先选择婚姻，乌干达的婚姻普及率由此也很高。在现代化进程中，乌干达女性的初婚年龄在逐渐增高，平均初婚年龄由1937年的15岁增长到20世纪90年代的17.5岁。多数父母希望他们的女儿在适婚年龄选择结婚生子，大多数女孩在十八九岁就生育了第一个孩子，而年轻女性一旦离开学校，再踏入学校门槛的机会微乎其微。除此之外，让社会和家庭担心的少女早孕现象也是导致女学生辍学的主要原因。针对此问题，很多学校在开学之初都会给学生做

生活和工作中的乌干达女性

怀孕检测，原因是很多早孕发生在假期。这是一个很严肃的社会问题，现在很多乌干达学校都对怀孕的学生采取处罚措施，一些学校的早孕现象由此减少。而更令人担忧的是，不少学校附近的军营、贸易中心对于女学生的安全也形成潜在威胁。针对早孕问题，相关部门除了把怀孕女学生送回家，目前还没有别的政策出台来保护她们，因为有的人认为那将会是错误的延续。由此可见，女学生早婚早孕问题是导致女性教育受阻的重要因素。

第三，乌干达的自然资源分布不均衡，导致不同地域的孩子接受教育的情况存在较大差异。例如，南部和东南部的自然资源相对丰富，这些地方的教育设施相对领先，而早期的传教士教育资源也大都集中于此，使得这些地方在现代化进程中更为领先，从而占有更多的教育资源。除教育资源分布不均衡外，乌干达各地区的教育质量也参差不齐。在现有的学校中，校舍条件差异很大，有的是建好的，而有的则是临时搭建的或者是半固定的，有的甚至没有像样的卫生间。女校条件更加不容乐观，大部分是条件简陋、教学质量不高的学校，严重影响了女生接受教育的效果和积极性。因此，所在地区的教育质量好，孩子通常可以得到相对较好的教育。

第四，乌干达学校的课程设置也影响着女性教育的状况。乌干达的学校课程通常分为男生课程和女生课程，这种为目的而设课程的模式自殖民地时期延续下来，相对于教学目标多样化选择的方法来说，未免过于狭隘。乌干达也有一种传统观念，认为女孩接受教育就是要学习怎样成为合格的妻子、母亲或者是家庭主妇。这一理念对世界大多数现代化国家来说是无法理解的。但在乌干达，多种历史、宗教、政治、文化的因素导致此类想法较为普遍。乌干达女孩子接受的课程多与家庭工艺、育儿有关，带有明显的目的性，多数人无法自主选择。另外，乌干达学校内男女老师比例严重不平衡，女教师给女学生树立榜样角色不足。同时，学校设立的就业咨询部门作用有限，面临就业的女生缺乏必要的就业信息，加上课程选择狭隘，从而影响她们的事业选择，婚姻反而成为她们中的多数人更重要的选择。

总之，父母观念与家庭经济状况、社会传统婚姻观念、教育资源分布以及课程设置等因素均给乌干达女性教育带来了不同程度的影响。这些源于社会传统和文化观念的影响，朝夕之举难以改变。近年来，乌干达政府针对女性教育问题采取了相应措施，以改善女性教育环境和女性地位，世界银行等国际组织对非洲地区的教育投入资金和技术援助，也使得乌干达女性教育发展取得了一定的成绩。

四、乌干达女性基础教育的发展

乌干达取得民族独立之前，受英国殖民统治的影响以及教会团体的发展，教会学校成为了最早为女性提供教育的机构。乌干达第一所招收女性入学的教会学校是加亚扎高等学校。这些宗教性质的学校包括英国教会学校、天主教学校以及穆斯林学校。这样，从19世纪末到20世纪中期，即在乌干达独立前，宗教性质的学校陆续被建立起来。这些学校以接受女孩子入学为目的，多为男女同校。早期的教会学校以宗教的慈善为背景，也存在很多问题，但还是给乌干达女性基础教育打下了基础。

独立后的乌干达政府制定并建立了国民教育体系。正如前文所述，乌干达教育体制沿用英国教育传统，初步建立了系统的教育机制。政府建立了不少男女合校，为乌干达女性教育提供了更多的机会。然而，一直以来，缴纳学费困扰着大部分家庭送女孩入学。小学学费对于家长来说还略显昂贵，来自经济欠发达的农村地区的家长不得不把女孩留在身边，或只能选择支持男孩去学校接受教育。

为解决这些问题，乌干达政府长期以来致力于缓解就学压力，在1997年1月开始实行免费基础教育，对初等教育加大财政预算，并取得了不错的效果，在东非地区产生了积极的影响。事实上，自1992年起，乌干达财政预算的12%就用于教育，至1998年提升到25%，其中70%用于初等教育。乌干达所推行的“免费”教育是免收6至12岁就读儿童的学费，但家长还要自己负担学生的服装、用餐、学习用具和学校基金赞助等费用。尽管如此，对于乌干达人来说，免费初等教育是他们的福音。尤其对于女孩子来说，这意味着可以增加她们入学的机会，平等享受接受教育的权利，同时能够减轻家庭的负担，这也渐渐改变了传统家庭不愿送女孩上学的观念。

乌干达青年俱乐部成员在参加集体活动[①]

① 孟加拉国非政府组织BRAC在乌干达成立了青年俱乐部，以解决女性早婚早孕问题。除了性教育，该俱乐部还教授女性识字、金融、裁缝、农业以及其他技能。截至2012年，BRAC已成立了1200多个俱乐部，有5万多名乌干达女性从中获益。

乌干达初等教育的发展及女性基础教育得益于乌干达政府、国际社会以及非政府组织的协同努力。但是值得我们注意的是，在此过程中，外部机构的援助占据了整个预算的一半，私人和国际援助对于乌干达初等教育以及女性教育发展发挥了重要作用。据世界银行的一份研究报告显示，在初等教育提升方面，乌干达是少数几个较为成功的非洲国家之一。多年来乌干达的教育事业能在非洲有较为突出的位置，离不开政府和外部力量的强力支持与帮助。

正如前文提到的，乌干达政府对国民基础教育采取了一系列措施来保障基础教育的发展。在法律方面，乌干达除了有宪法保障女性接受初等教育的权利外，还有专门的乌干达儿童法案。该法案规定：所有儿童都享有接受教育的权利，教育应当帮助孩子开发自己的潜能，消除小学阶段性别差异，实现平等教育等。1997年，政府实施免费初等教育体制取得了成功。通过这项措施，更多的女孩子得到了上学的机会。

非政府组织（Non-Government Organization）为乌干达基础教育提供了必要的资源，其中，非洲妇女教育家论坛（Forum for African Women Educationalists）、女童教育运动（Girls Education Movement）、非洲女生教育倡议（African girls Education Initiative）等非政府组织对推动乌干达及非洲女性教育的发展功不可没。这些组织积极采取行动，完善早期儿童发展计划，关注女性教育质量，开展文化扫盲，推广抗御艾滋病的生活常识与技能，促进学校环境卫生改善等，从不同层面提升了乌干达女性基础教育的质量。其中，联合国儿童基金会的项目是国际社会对于乌干达女性教育援助的最主要代表，该项目致力于改善学校基础设施，实施

乌干达小学生校园生活

儿童发展计划，并为女生捐助书籍等。

近年来，乌干达女孩入学率不断提高，女性受教育机会持续增加，学校基础设施得以改善，文盲率显著降低，这些都得益于乌干达国家和社会各界的努力及国际社会的援助。然而，贫困问题、学校卫生设施问题、根深蒂固的家庭传统观念、性别歧视、艾滋病问题等仍旧不断困扰着乌干达女性基础教育。

五、乌干达高等教育与女性发展

高等教育是国家经济发展的支柱。非洲获得独立以后，高等教育扮演了重要的角色，为社会各个领域提供高层次的人力资源。它在促进社会凝聚力、提高公众自信心以及推进社会民主等方面至关重要。高等教育提倡性别平等，尊重种族和宗教的多样性，有助于民族团结与国家稳定。

《乌干达发展规划2040》（*The Uganda Vision* 2040）中指出，要在30年的时间里将乌干达从一个农业国家过渡到一个繁荣的、有竞争力的现代化中等收入国家。为实现这一发展规划，乌干达政府在高等教育领域实行了一系列的改革。

1. 扩大高等教育规模。政府积极鼓励私立大学的创办，以促使乌干达高等教育规模迅速扩展，从最初的一所大学扩张到35所大学，其中包括9所公立大学，其他为私立大学。

2. 加大对高等教育的财政投入。在过去的10年里，政府为4000名学生提供了奖学金，奖学金覆盖所有公立大学。奖学金政策极大地鼓舞了在校大学生的学习热情，并在很大程度上降低了受资助者的经济压力。在2013-2014国家年度财政预算中，政府拟定了学生贷款计划，如实施得当，将会给那些因交不起学费而被大学拒之于门外的学生重新求学的机会。

3. 强化高等教育与私营企业的合作。乌干达高等教育的发展离不开各种国际发展合作机构(International Development Cooperation Agencies)的投资，其中包括世界银行和非洲开发银行等。非洲发展基金的科技项目将赞助支持六所公立大学和两个战略高等教育机构。高等教育通过与私营企业建立合作关系，培养出更多实用型技术人才，让学生能够更好地与社会接轨，不仅能够增强学生的就业竞争力，减少失业率，而且有利于培养国际型人才。

在高等教育国际化和大众化背景的影响下，乌干达高等教育进入稳步发展期。在2005年前后，高等教育入学率虽然只有4%左右，但是这个数字无论在数量、比例还是增长速度方面仍是个不小的进步。除此之外，令人欣慰的是，乌干达高等教育中的性别比例也在朝着平衡的方向发展。2011年，女性入学比例已经达到了

朝气蓬勃的乌干达女大学生

50%左右。①

乌干达马凯雷雷大学是乌干达规模最大的大学，它创建于1922年，位于首都坎帕拉。该校现有22个系科、学院和研究所，本科学生约3万人，研究生约有3000人。马凯雷雷大学为非洲培养了很多优秀的领导人，例如，乌干达前总统弥尔顿·奥博特、坦桑尼亚前总统朱利叶斯·尼雷尔和本杰明·姆卡帕以及肯尼亚现任总统姆瓦伊·齐贝吉等，为非洲的发展作出了重大贡献。

值得一提的是，马凯雷雷大学在性别平等方面的努力受到了国内和国际的赞扬，该校实施平权行动计划，旨在增加高等教育中女性的求学机会。女性奖学金基金会资助了近800名在学术上有天赋的贫穷女学生。女性解放和"性别主流化"②的行动对学校的变革也起到了推动作用。非洲很多杰出的女性领导者就毕业于马凯雷雷大学，例如，布苳特玛大学（Busitema University）校长玛丽·欧克瓦克（Mary Jossy Nakandha Okwakol）女士。她一路艰辛求学，摘得了乌干达最高学府——马凯雷雷大学的博士学位。作为为乌干达高等教育发展踌躇满志的女教育家以及乌干达第一位公立大学女校长，她为推动乌干达性别平等和女性教育作出了重大贡献。

随着高等教育规模的扩张，社会对高等教育的需求与大学公共资源以及办学差距之间的矛盾，成为乌干达高等教育面临的现实问题。因此，国家层面对高等教育的调控、高校内部教育质量的保障、政府与高校管理间的关系等问题较为突出。以马凯雷雷大学

① *Ratio of Female to Male Primary Enrollment* (%). http://data.worldbank.org/indicator/SE.ENR.PRIM.FM.ZS

② "性别主流化"（Gender Mainstreaming）是联合国在全世界推动的理念，希望各国政府在政策、立法和资源的分配上，能够反映性别平等的理念。

2011年3月，马凯雷雷大学对11名获得最高水平学术成就并为突破“玻璃天花板”作出了卓越贡献的杰出女性进行表彰

为例，作为乌干达第一高等学府，创建初期，它直接接受英国管辖。到20世纪40年代末，该大学获得了半自主权，开始自主颁发学位。1963年，马凯雷雷大学成为了东非大学①的一部分，期间吸引了大量东非地区的学子前来进修。70年代至80年代乌干达的政治动荡与纷争，使得马凯雷雷大学也处于艰难发展期。90年代高等教育改革给乌干达高等教育带来了新的生机，急剧增长的学生数量给马凯雷雷大学带来了新的挑战。2007年，该大学制定出了质量保障与评估体系，目标是“建设成为一个卓越的学术中心，为社会提供可持续发展所需的世界一流水平的教学、研究和服务”。质量保障与评估体系基本建立起来后，师资力量明显得到提升，教学质量显著提高，科研能力进步较快，社会服务效果更加明显，学术氛围日趋浓厚。

同时，在保证高等教育质量的同时，乌干达还针对高等教育采

① 1970年，东非大学一分为三，马凯雷雷大学成为一所独立院校，另两所为肯尼亚的内罗毕大学和坦桑尼亚的达累斯萨拉姆大学。

取了双轨制学费制度，给高等教育带了新的生机，大大减轻了学校的财政负担，为大学基础设施建设、科研项目投入、教师地位改善等提供了资金的保障。然而，较高的学费不但阻碍了部分贫困学生接受高等教育，而且增加了女性进入大学的难度。

此外，乌干达高等教育还存在其他一些问题。首先是经费不足。乌干达高等教育经费仍不能有效应对学生数量的迅速增加，也不能满足教育与研究的基本需求，导致教学与研究质量以及师生

2012年10月20日，在首都坎帕拉塞雷纳，乌干达总理姆巴巴齐（Mbabazi）为完成领导力发展和修辞学课程的8位女性颁发毕业证书

的福利得不到保障。其次是教学资源紧张。高等教育中的学生人数迅速扩张，而教学设施有限，导致教室变得拥挤，教学环境较差。再次是就业率低。2011年毕业的学生中，只有33%的学生能在正规部门就业。[①]

---

① 参见John Ddumba Ssentamu. *Prospects and Challenges of Higher Education in Uganda.*

尽管如此，乌干达高等教育仍取得了一些成果，尤其是女性高等教育。一些接受高等教育的女性已学成并进入专业领域，有的则在大学担任重要职务或是教职人员。接受了高等教育的乌干达女性，努力改变自身命运，为个人发展及社会进步而不懈努力，她们在东非大地上绽放自己，香惠他人。

六、乌干达女性领导力面临的机遇与挑战

女性教育的发展，为女性冲破传统文化束缚，追求崭新的人生理想和人生价值提供了源源不断的动力。1995年，乌干达正式颁布实施新宪法，新宪法让女性拥有了政治权利，并开始逐渐在政治舞台上崭露头角。随后推出的性别平等政策，鼓励和支持越来越多的女性走出家庭，走向社会。但是由于各种原因，女性发展依旧受困于很多无形壁垒。

女性常常处于一个两难的境地。一方面，她们渴望通过选举在政治上获得领导权，为社会作出贡献，实现自我抱负；而另一方面，女性参加政治活动往往得不到配偶的支持，甚至会受到配偶的恐吓。由于参与政治往往需要花费大量的时间和精力，因此女性没有富余的时间照顾家庭，她们也很难得到家人的支持。这是导致一些有能力的女性不能参与到政治活动中去的主要原因。

即使部分女性已经参与政治工作，也很难有升职的机会。造成这种情况的原因是多方面的，例如，她们的文化水平低，参加竞选资源短缺，政治经验有限，文化与传统观念认为女性应该做家庭主妇而不是从政，等等。当选后，她们更关心每天的生计，对于参加社

区会议、培训等活动并不热心。这影响了选民对女性领导的支持，同时还对政治领域的女性持有偏见。因此，女性在政治环境中依然处于弱势地位，重要职位被大多数男性占据。

2011年，在乌干达第九次议会中，一位女性议会发言人引起了社会和媒体的普遍关注。在一个全球倡导赋权女性以及性别平等的新时代，乌干达历史上第一位女性议会发言人的出现，意义重大。她可谓是追求政治领导力的女性学习的榜样。媒体的关注和广泛报道让更多的人看到女性在政治领域的出色表现，有助于整个社会加强对女性的认同和支持，这无疑成为推动乌干达性别平等和女性领导力发展的强大动力。

随着越来越多出色的女性在政治、教育、经济等领域发挥领军作用，乌干达女性领导力开始有了跨越性进展。首先，国家制定的政策为保障女性在各领域的平等提供了法律依据。其次，社会的进步、科技的发展，使传统文化对女性的束缚减少。尤其是成长在新时代的年轻人[①]，他们对女性的态度比老一辈更加开明，让女性未来发展的空间更加广阔。此外，媒体技术多样化，也将为女性领导力发展提供有效帮助。

① 在乌干达人口中，年轻人占据高达70%的比重。

玛丽·欧克瓦克教授，动物学博士，乌干达布茨特玛大学校长

1970年考入马凯雷雷大学，先后获得该校动物学与植物学学士学位、动物学硕士学位、动物学博士学位；1973年开始在马凯雷雷大学担任不同职位，1999年晋升为教授。她亲身参与了乌干达两所公立大学的始建，曾任古卢大学始建校副校长；2006年被任命为乌干达布茨特玛大学校长，发起并组织了乌干达第一个“国际劳动妇女节”（1984年）。2013年获得总统亲自颁发的“国家独立50年奖章”。

Professor Mary J.N. Okwakol holds a Doctorate degree in Zoology from Makerere University, and she is a Fellow of the Royal Entomological Society of London and a Fellow of the Uganda National Academy of Sciences. She is the founding Vice Chancellor of Busitema University. In 2006, she served as Deputy Vice Chancellor of Gulu University as one of the founding leaders. She previously held various positions at Makerere University from 1973, rising to full Professor of Zoology in 1999. Professor Okwakol is one of the few women scientists in Uganda who have contributed immensely to the advancement of the sciences, and she stands out as an icon of science. She has served on many Boards and Councils at community, national, regional and international levels. Professor Okwakol's contributions towards development have been variously recognized nationally and internationally.

乌干达布茨特玛大学校长玛丽·欧克瓦克

教育改变命运。十几岁还光着脚丫上学的她，一路艰辛求学，摘得了乌干达最高学府马凯雷雷大学的博士学位。她不但是乌干达屈指可数的女性科学家，更是为乌干达高等教育发展踌躇满志的女教育家。绽放自己，香惠他人。她亲身参与了乌干达两所公立大学的始建。即便在北部地区安全局势不稳的情况下，她毅然前往并接受了古卢大学（Gulu University）始建校副校长的任命。正是鉴于她的突出表现，2006年她被任命为布茨特玛大学（Busitema University）校长，筹建乌干达东部这所多校园模式的大学。她坚信教育以学生为本，践行校园性别主流化理念，倡导教育公平。

作为乌干达杰出的女性领导者，她当之无愧。她不但发起并组织了乌干达第一个"国际劳动妇女节"（1984年），更在国内外多家学术、女性及教育组织内担当重任。作为乌干达第一位公立大学女校长，她于2013年获得了总统亲自颁发的"国家独立50年奖章"。她用自己的执著与努力，为非洲女性树立了成功的典范。

BUSITEMA
UNIVERSITY
Pursuing Excellence

布茨特玛大学校徽与校训

布茨特玛大学位于非洲乌干达东部，是乌干达九所公立大学之一。该大学的前身是成立于1968年的布茨特玛国家农学院（Busitema National College of Agriculture）。为提升乌干达东部地区的高等教育入学机会，2007年，该学院晋升为大学。布茨特玛大学由八个校区组成，主校区位于布茨特玛地区，形成了多校园的高校教育与管理模式。

布茨特玛大学以本科教育为主，设有科学与教育学院、农业与动物科学学院、工学院、自然资源学院、健康科学学院等。其中，农业科学、农业机械化、农业产业为其优势学科。年毕业生约为一千人。该大学致力于科技与创新，尊重多样性及专业化，现已成为乌干达东部地区的高等教育中心，为乌干达农业及经济发展培养了大批实践人才。

校园主楼

一、印象篇

来自非洲、心向非洲

2013年5月18日，完成了在内罗毕的调研任务，按既定行程，我搭乘飞机从内罗毕飞往肯尼亚西部城市基苏木（Kisumu）。行程计划是从基苏木到达肯尼亚与乌干达的边界布西亚（Busia），沿陆路入关进入乌干达，目的地则是乌干达东部、靠近肯尼亚西部边界的城市托罗罗（Tororo），因为此程期待再见的玛丽校长所任职的布茨特玛大学就在托罗罗，而玛丽校长应该是我最早认识、也是最熟悉的非洲女性。

飞机上，我的脑海里不断浮现出与这位杰出非洲女性的多次接触和交往，从北京到东京，从云南丽江到福建厦门，从坎帕拉到

乌干达在东部非洲的地理位置

布茨特玛托大学所在地托罗罗的地理位置

托罗罗……记忆中，总会有几幅画面定格在那里：在云南丽江女校长论坛筹备会上那个为非洲女性发展而深深忧虑的她，在日本城西大学那个被授予荣誉博士后以一种淡定而优雅的语调就其人生成就发表演讲的她，那个在尼罗河源头带着深邃而笃定的眼神眺望江水远逝的她，那个在厦门女校长论坛文娱交流环节以一种毋庸置疑的女王范儿带领其他女校长共跳非洲轻摇滚的她，那个在乌干达相对落后地区为协调她所在大学的多校区工作而不断乘车奔波在路途中的她……

飞机提前落地，离约定的接机时间还有一个多小时。只身一人旅行，我索性也就老老实实地坐在基苏木机场的候机厅，等待玛丽校长派来的车接我。

这是一个有阳光的午后，候机厅不大，但超乎想象的干净、整洁。在我四周打量之余，突然发现自己也被周围的人所打量着。顿时觉得，我，一个黄皮肤的亚洲女性，出现在肯尼亚内陆城市的一个小机场里，自然而然地生发出一种莫名的、格格不入的另类感。这让我不禁不想到，玛丽校长第一次和前几次来中国开会，作为一个黑皮肤的非洲女性，会不会也有类似的因肤色和人种差异而产生的身份冲突呢？

基苏木机场

第一次见到玛丽校长，是2007年在北京举办的第三届世界大学女校长论坛上。[①]必须承认，玛丽校长被邀请参加在中国举办的研讨会的一个重要原因是她的肤色，更确切地说，是她黑色皮肤后的符号象征及其所附带的非洲文化，因为国际会议需要多元性，需要多元的声音。

玛丽校长的肤色不是黑炭般黝黑的那种，而是那种偏淡巧克力色的黑。印象中，她眼睑的白和牙齿的白呼应着嵌在她那张黑色偏棕的脸上，给人一种纯净而协调的美；她有着非洲黑人所特有的那种宽宽厚厚的嘴唇，多数时候好像都比较严肃，闭合的嘴显出一种淡定。在非洲，乌干达的女性身材普遍高挑，玛丽校长有一米

① 我曾先后两次与玛丽校长在北京见面，并在江苏南京、云南丽江、福建厦门、日本东京、以及乌干达等地举办的会议、访问活动中多次接触。我想，我或许真的是她比较熟悉的中国人之一，而她也毫无疑问是我最熟悉的乌干达人，是我最敬佩的非洲优秀女性和好朋友。

托罗罗地区风景，远处为托罗罗岩石（Tororo Rock）

七多的样子，体态厚重但并不臃肿，有点人高马大，但整体给人一种踏实而富有控制力的感觉。有意思的是，我对自己同胞年龄推断的直接经验影响了我判断玛丽校长的年龄。2006年秋天第一次见面，我以为她50岁出头，其实她那时已经有60多岁。要知道，黑人的皮肤一般都比较紧致、细滑，要等上了很大的年纪才有皱

作者与玛丽校长工作合影

纹。当然，误判玛丽校长的年龄，部分也是因为我被她所显现出的那种充沛精力而误导了。

与玛丽校长结缘，源于我所在的学校（中国传媒大学）自2001年发起并每两年举办一届的“世界大学女校长论坛”[①]。玛丽校长前后不下五次作为非洲大学女校长代表被邀请参加该论坛大会及区域性会议。

2009年8月，第四届世界大学女校长论坛筹备会在云南丽江举行。这次筹备会规模不大，邀请了国内外10位女校长参会，其中5位国外女校长分别来自五大洲，玛丽校长作为非洲女校长代表被邀请参会。[②]在就下届论坛主题提案的发言环节，来自美国、芬兰、新西兰、日本的女校长分别提出了她们对论坛议题的建议，而她们的建议也特别具有各自的国际视角。

在认真倾听了其他校长的发言并对她们的发言表示认同后，玛丽校长提出了她的关切。她认为，既然女校长论坛是关于女性领导力、教育与发展的国际性大会，就不能忽视非洲女性这一群体。她特别坦诚地指出，刚才几位校长的提案并不适宜非洲案例，因经济落后等原因，非洲女性在接受教育等方面远远落后于西方及亚洲许多国家，非洲女性的发展依旧面临着来自政治、经济、文化观念等方面的挑战，因此，如何促进非洲女性的自身发展，尤其是呼吁并帮助年轻女性接受教育并参与社会，应该成为下届大会的议题之一。

---

① “世界大学女校长论坛”是目前世界范围内具有广泛影响力的、以大学女校长为主体的品牌论坛。自2001年以来，该论坛已成功举办五届，吸引了世界各地52个国家和地区的500余人次女校长参与。

② 作者时任中国传媒大学国际交流与合作处副处长，负责此次会议的组织工作。

玛丽校长发言时的那种认真和执著，让我和在座的中国同事顿生敬畏。她阐释自己提案时的语调不高不低，语速稍慢但充满恳切。我注意到，在玛丽校长发言时，其他几位在座的女校长，脸上流露出了些许的惊讶，但在抬头关注和侧耳倾听玛丽校长发言时，她们也不时地点头示意认同。的确，玛丽校长提出的问题，是个具有区域意义的现实问题。而众所周知，在不少国际会议上，非洲话语要么缺失，要么往往被忽视。显然，玛丽校长深知自己肤色的符号意义：她来自非洲，心向非洲。

细节处见用心

在非洲内陆的基苏木机场，刚才和我一起下飞机的乘客早都走空了。坐在蓝白色块铺地的等候厅，我又想起上一次也是第一次到访乌干达的情形。

2010年7月9日，我所在的校际访问团一行抵达乌干达首都坎帕拉的恩德培国际机场。[①]当时，玛丽校长驱车六七个小时从托罗罗亲自前往恩德培机场迎接我们，我注意到她还特别用心地安排我们一行从机场贵宾通道出关。事实上，乌干达恩德培国际机场的贵宾通道和休息室，装修特别简单，室内照明稀稀落落，虽摆放的都是宽大的真皮沙发，但毫无奢华感而言，真的没有办法跟国内机场高大上的贵宾通道和休息室相比。但我们代表团心里都明白，这就是发展相对落后的非洲经济的现状，而这是玛丽校长欢迎远道而来的中国朋友的最高礼遇，是她的用心。

① 恩德培（斯瓦希里语：Entebbe），位于首都坎帕拉以南的维多利亚湖地区，距离坎帕拉34公里。恩德培国际机场（Entebbe International Airport）建于1947年，是乌干达唯一的国际机场，有乌干达对外门户之称。在乌干达1962年独立前，恩德培一直为乌首都。

而校长的用心，又不仅在于此。抵达乌干达首都坎帕拉的第二天一早，玛丽校长首先陪同我们代表团一行赴中国驻乌干达使馆，拜会时任中国驻乌干达大使孙和平先生。这是玛丽校长为我们行程安排的第一站，也可以说是一次高规格的访问活动。会见很愉快，会谈中玛丽校长特别强调，希望与中国的高校开展广泛而富有实质内容的合作，希望两校的交流与合作能开创中非高等教育交流的新局面。孙和平大使对此特别认同，表示愿意积极推动双方开展合作。显然，玛丽校长知道，促进学校间的国际合作，使馆的支持是坚实的后盾。离开使馆，我暗暗叹服玛丽校长的外交活动能力。记得她每次来北京，总是会受到乌干达驻华大使的接待，他们彼此已成为朋友。

完成在首都坎帕拉的活动，我们驱车前往托罗罗，路上要五

2010年7月9日，玛丽校长与中国传媒大学代表团一同拜访中国驻乌干达大使孙和平先生（左三）；图中为时任中国传媒大学副校长丁俊杰教授（右三）、高等教育研究所副所长杨旭东（左一）、国际交流与合作处副处长张艳秋（右二）；布茨特玛大学校长玛丽·欧克瓦克教授（左二）、校长助理和平女士（右一）。

个多小时的车程。事实上，去使馆的时候我就发现，即便在首都坎帕拉城内，好些地方的路况也很差，甚至没法和国内一般城乡地区的路况相比，城市中的水泥路面时不时有盆口大的坑，汽车行驶中要躲来躲去。除了主干路线有加了马路牙子的人行道外，多数的路是没有人行道的。街道上的交通不算通畅，人们并不太遵守交通规则，遇有十字路口或自由市场的地方，秩序就会有点乱，行人和机动车都是见缝插针，各行其是。骑摩托车的年轻人特别多。早上上班时间，路边步行的人特别多，朝一个方向的人，好似几个排列不齐的纵队一样，忙碌向前，为生计奔波。街上有不少兜售食品和小日用品的小贩，穿梭在机动车车流中，他们手里举着香蕉、袋装花生、甘蔗、盒装酸奶、毛巾、汽车饰品等，向汽车内的人推销，等待赚钱的机会。

知道我们是第一次来乌干达，注意到我们对周围的环境表现出陌生和好奇，一车陪同我们的玛丽校长不断地向我们介绍乌干达的基本国情。她说，乌干达的就业问题压力很大，路上的摩托车多数是做出租用的，当面议价，随叫随走。我们注意到，尽管城市马路上的机动车总量并不多，但街上车辆过往后，总是青烟弥漫，空气里尾气味道很刺鼻。我们问校长是不是这里机动车燃油的质量不好，玛丽校长解释说，尾气不只是因为油的质量不好，主要是机动车的车况不达标，路上七八成的汽车都是来自日本等国的二手车，甚至是报废的汽车，街道上乌烟瘴气的状况就可想而知了。

一路上，我们谈到的话题特别广泛，包括乌干达部落政权影响问题、官员腐败与政府公共管理问题、儿童与妇女权益及教育问题、艾滋病传播与防御问题、部落割礼等其他风俗传统问题、非洲与西方及中国关系问题等等，校长的介绍，让我们对乌干达有了更“本土”的认识。

二、初识篇

大学，在希望的田野上

我们代表团到达托罗罗的第二天去校园参访。布茨特玛大学并不在托罗罗市内，驱车半个小时的样子，到了大学的主校区，即布茨特玛校区。放眼望去，整个大学好似坐落在一望无际的田野上，绿意葱葱，但真的是前不着村，后不着店。校区有三四座两三层高的教学及办公楼，最初直观的印象，还是多少有些令我们吃惊。

玛丽校长安排并引领我们参观了该校区农业机械专业和计算机工程专业的教学实验环节。参访中，我们注意到，学生在实验车间里学习如何制作手工铁犁的工艺，包括锻铁、筑模等基本技术。当时我就在想，这里看到的教学实习更像是国内技术学校的教育。之后，校长还向我们介绍了学校研发的一个大型的棉花脱籽机器，她说类似的机械制造对农业机械化程度不高的乌干达来说特别重要，但普及农业机械化生产的路途漫漫。和中国国内的大学相比，这所大学至少在规模上，让我觉得更像是早先国内地方上的一所职

布茨特玛大学主校区鸟瞰图

布茨特玛大学主校区校园建筑

业学校。在参访计算机教学实习区时，让我感到意外的是，一些实习的学生在学习拆装386的电脑，而当时我国国内的486、586电脑早就退出市场了。

然而，没过多久，我们的这种吃惊就成了少见多怪之举。来访之

布茨特玛大学学生在进行农业机器零件制造手工实习

布茨特玛大学的学生实习车间

前，我们虽然对非洲的经济状况有所了解，但对乌干达这样一个经济落后国家高等教育的发展状况还是知之甚少。参访中我们问了一些关于课程设置及学生就业方面的问题，陪同我们参访的玛丽校长很快意识到，我们所关心的很多问题，实际上是因为两国经济发展落差而在理解上形成的差异。她到访过世界上的很多大学，包括西方的大学和亚洲的大学，对大学间差异的理解显然最为深刻。她直言，一个国家的高等教育不但是这个国家经济发展的一个缩影，更是这个国家经济发展的支柱。国家经济发展落后，必然制约高等教育发展的投入、规模与方向，包括学校硬件与软件的建设、课程与科研的建设等；反之亦然，一个国家的高等教育必须与这个国家的经济发展水平相适应，也就是说，高等教育一定是以服务这个国家和社会发展为根本的。虽然乌干达早期是英国的殖民地，但在乌干达争取独立之后，他们认识到，国家的高等教育不能效仿英国的高等教育体制，两个国家的经济发展与文化背景迥异，所以，乌干达必须要有适应自己国家经济发展水平的高等教育体制。乌干达是个农业国家，农业机械化程度不高，工业发展更是滞后，所以在布茨特玛大学的教学中，学生要学习制作人工耕地时可以借力的铁犁也就再合适不过了。

参观虽然让我们访问团一行颇感意外，他们的教学与实践，与国内的现代化农业教学相比，真的不可同日而语，但这样的教学，之于他们的国情，却是最实用和最“先进”的。之后回想起来，玛丽校长曾多次参加国际会议并交流，她深知发达国家与他们之间的差距，她并不避讳而是主动向我们展示一个基于本国国情及地区发展需求的实实在在的大学教育，实际上是在让我们认识一个真实的乌干达。我们看到了这个国家因经济落后而带来的差距，但更看到了他们为改变生活而付出的努力。

2010年6月，玛丽校长陪同中国传媒大学代表团参访布茨特玛大学并与师生交流

布茨特玛大学的多数专业，在乌干达均属首次创办，如纺织工程、水利工程、灌溉工程等。之所以开拓这些专业，首要考量的是服务于国家经济发展。虽然乌干达之前是英国的殖民地，但独立后的政府充分认识到，在高等教育建设过程中，要去除殖民国家所建立的那种与乌干达国情与本土经济发展步调不相适应的高等教育模式，建立与国家经济发展与国情相适应的学科。

三、成长篇

奔跑在雨中的小脚丫

基苏木机场，接我的车子到了。

这是我第二次访问乌干达，到托罗罗大概要四个多小时的车程。接我的车是一辆越野吉普，这种车在非洲很常见，因为路况时好时坏，越野车比较实用和耐用。一条双车道的公路两边是一望无际的农田，成片成片的、深浅不同的绿色块点缀着路旁的土地。我觉得好像不是在非洲，因为印象中的非洲似乎总是与贫瘠、沙漠、疾病相关。路上，来接我的校长秘书海瑞特（Harriet）告诉我，近年来，越来越多的耕地被开垦用于种植粮食，尽管乌干达境内有非洲最大的维多利亚湖，也有尼罗河流过境内，但乌干达的农业灌溉

乌干达总统穆塞韦尼视察布茨特玛大学Mbale 校区，
植树并与玛丽校长等合影留念

条件并不好。[①]虽然农村地区加大了对河流的开发利用，但总的来讲，农村用水紧缺问题长期未得到改善。

汽车在村镇的路上行驶，映入眼帘的，常常是田里劳作或村落里忙于生计的妇女们。路边时不时有人在步行，步行是村落人的主要交通方式，他们的日子好像都是用脚丈量出来的。在乡下，日常生活中的农村妇女都穿着裙子，但男人们穿的则多是长裤、T恤、衬衫等，看不出非洲的传统。可见，妇女仍处于较为传统的习俗之下。她们衣着的颜色对于我们来说总是显得异常靓丽，如明黄、深紫、亮绿等等，那些颜色好像就是非洲的颜色，和那片土地是那么和谐、般配。无疑，有她们嵌入的画面，已然成为非洲给我留下的最美、最动人的映像。农村的女人们总是很善于用头顶的方式来搬运东西，如浣洗的衣服、蔬菜、粮食等等，她们的头力特别大，几乎任何东西都可以放在头上顶，走起路来挺胸凸肚，却个个脚底生风，行走自如。

在村落里，打水是再平常不过的一项家务活，这也成为稍大一点的孩子的日常家务活，孩子们手提着白色的塑料桶打水是最常见的一道农村景观。水桶总是很重，超出了孩子们的力气，于是他们要么就左右手倒换着拎，要么就趔趄着身子一只手拎，步伐也因此加快了许多，一摇一摆的，像是在小跑……

这让我想起玛丽校长曾给我讲过的她的童年趣事。她小时候

① 乌干达只有0.1%的耕地属于可灌溉土地。农村水资源来源主要有各类泉水、通过简易方式在地表钻孔取水、浅水井以及在天然的河流和沟壑中取水。乌干达全国约有250 万个小农户，大约70%的家庭农场以农作物种植为主，25%的农场从事多种经营活动。农户大约用1/3 的耕地用于种植饭蕉等长期性的作物，其余则种植一年生作物或者是一年两熟的根茎作物（如木薯等）。引自明亮 唐丽霞、李小云：《乌干达农业生产和粮食安全状况研究》，《广东农业科学》2010 年第7期。

也在农村长大，是家里的长女，自然也是家里责无旁贷的劳力，要帮助大人打水、洗衣、做饭、干农活等等。大概五六岁的时候，一次，她叔叔让她给祖父母家送些盐巴。见祖父母总是一件高兴的事，她欣然接受。到祖父母家的路并不近，要走上个把小时，但在她看来，这几乎是最快乐和轻松的活计了。于是她拿着装盐的布袋，像小鸟一样飞上路了，路上还快活地和认识的人不断地打着招呼。谁知，还没走出多远，天开始掉雨点儿，雨随即就下了起来。她赶紧把盐巴放进

行走着的乌干达妇女头顶重物

乌干达儿童在村头游戏

乌干达女孩拿着两个水瓶来展示在慈善组织的帮助下水得以净化的前后对比效果
图片来源：http://brasspaperclip.typepad.com/brass_paperclip/2012/10/do-good-charity-water-campaign-wrap-up.html

衣服的最里面，紧紧地搂着，光着的脚丫，在雨里飞快地奔跑。雨下得越来越大，出奇地大，倒霉的是，路上她找不到一个躲雨的地方，哪怕是一棵树，那雨下得太大了，冒烟似的，四周都望不出去。她没有退路，横下心，只是盯着脚下的路，光着脚，不顾一切地跑，管不了脚踩上了石块还是草。奔跑中，她好像也成了雨人，她也成了雨。突然，她觉得盐巴袋子似乎变小了，她觉得有些奇怪，但又安慰自己，确信盐袋子还在怀里，于是依旧尽全力护着怀里的盐巴袋子向前跑……终于，到了祖父母家，她已完完全全成了个落汤鸡。然而，面对祖父母，她不敢把盐袋子拿出来，她已经感觉到，怀里的盐袋是瘪的，没有盐巴了，盐巴随着雨水流走了。那时，她有说不出的难过和委屈，脸上好像还在继续下雨，不知是雨水，还是汗水，还是眼里噙满而不得不流出的泪水……

四、求学篇

受教育是我一生最大的成就

事实上，在乌干达的农村，妇女是家庭的主要劳动力，她们总是吃苦耐劳，但地位却不高，重男轻女，早婚、早育现象较为普遍。女孩子往往得不到受教育的机会。然而，越是在这样的环境下，女孩子接受教育，对个人、家庭和社会的意义就越大。

2010年3月17日，日本城西大学授予玛丽校长荣誉博士学位。授予博士学位的仪式是与城西大学的毕业典礼一同举行的。与国内大学的毕业典礼相比，城西大学的毕业典礼流程安排井然有序，气氛之隆重令人心生敬意。玛丽校长被邀请在授予仪式上就自己的人生成就进行演讲，她的演讲，如典礼仪式般厚重，令人肃然起敬。

乌干达早教中心为孩子提供早期识字教育

我们知道，凡被授予荣誉博士的，总是在某些领域取得了突出的成就。显然，玛丽校长被城西大学授予荣誉博士学位，主要在于她作为非洲为数不多的女校长对乌干达高等教育所作出的独特贡献，尤其是她筹建了乌干达五所公立大学中的两所，这样的经历和成就，足以让她骄傲地拿出来在这样的典礼上与毕业生分享。然而，玛丽校长的演讲并未以此为题，在表示了对城西大学的感谢及对毕业生的祝贺之辞后，她以她惯有的沉着而自信的语气，进入演讲主题。她讲到，“如果说，我一生有什么伟大的成就的话，就是我接受了教育。”这令当时在座的听众和我都吃惊不小。[①]“上学”（ go to school）、“接受教育”(receive education)也可以是一个被授予荣誉博士的成就吗？显然，对于日本和中国这样的国家来说，女孩接受教育是件稀松平常之事。然而，在玛丽校长童年时，女孩接受教育并一路求学并不平常。所以，在这样一位在

① 作者当时陪同教育部高教司陈维嘉司长、前中国传媒大学党委书记参加了此次荣誉博士授予仪式。陈维嘉女士同时也荣获城西大学荣誉博士学位。

在2009年日本城西大学名誉博士授予仪式上，玛丽校长（前右一）从水田宗子校长（前左一）手里接过名誉博士证书

乌干达备受尊敬的大学女校长看来，“接受教育”而不是“创办大学”是其人生的根本成就，因为教育改变命运。

玛丽是家中的长女，出生在乌干达东部的一个叫Mzee Petrero Waiswa的村庄，后来搬家到 Mama Yozefina Kantono。她是在Iganga 区的Namunyumya村长大的。很难想象，上个世纪五六十年代，在乌干达那样一个经济严重落后、重男轻女文化根深蒂固的农村，玛丽的父亲是怎样的先知先觉，或者是基于怎样的一种朴素认识和对女儿的爱，决定把她送去学校。当时，村里没有几个家长愿意送家里的女孩上学，玛丽家的不少亲戚也曾劝她的父母说，女孩大了就要出嫁，送她们上学是白搭钱。然而，玛丽的父亲还是执意坚持，小玛丽也没有让父亲失望，而是一次次带着骄傲的笑容把学校的优异成绩报送给父亲。

女秀才亦为女汉子

玛丽就读的小学是在Namunyumya的一个男女混校的小学

(Namunyumya Mixed Primary School),后来转到圣米歇尔女生小学(St. Micheal Girls Primary School),她在学校里总是名列前茅。在小玛丽的内心,似乎有种暗暗涌动的能量,她的名字也是圣母的名字,她以此来激励自己,要做最好的。

在她长大的Busoga地区,有一种说法,家中的长女被叫作Nakandha,意思是那个要吃苦耐劳又要给家庭带来荣耀的女孩。但她的优秀又不止于此,她在学校,方方面面都是领头羊,而她的这种领袖地位在中学阶段越发凸显。

那时的玛丽还没有一双属于自己的鞋,和其他孩子一样,整个小学她都是光着脚丫上学的。但光着脚的玛丽在1964年以优异的成绩进入Namagunga 地区所在的名校——圣玛丽山中学(Mt. St. Mary's Secondary School)。这样,家里要继续支付她的学费。当时的玛丽会时不时地为能够通过自己的努力和家庭的支持而在这样享有盛誉的学校读书而感到幸运。十四五岁的时候,她拥有了自己的第一双鞋。她也开始了对未来人生的设计和向往,她想成为一名护士,她喜欢照顾别人,当然,处于花季的她,也梦想着能穿上护士那身美丽的职业装。

高中生活刚刚开始,玛丽沉浸在新校园生活的喜悦之中,对未来各种美好的期盼,让她每天都神采奕奕。然而,噩耗传来,母亲永远离开了她。母亲的病逝,如晴空霹雳,让她这样一个向来勇往直前的女孩突然感到世界顿失阳光。 面对无常的生命,玛丽一度陷入孤寂、消沉的情绪中,对母亲的思念,更是让她难以自拔。然而,玛丽就是玛丽,她渐渐感到,自己身上流淌的不止是母亲的血脉,还有母亲的那份坚毅和期待;她告诉自己,她是母亲生命的延续。终于,她度过了最艰难的时刻，她的步伐走得更踏实、更坚毅了。

玛丽在初中一到四年级（S1–S4）就已经是学生会的部长，她对为大家做事乐此不疲。到了高中，她更是脱颖而出，在高一和高二（S5–S6），她被选为全校的学生会主席（Head Prefect）。她特别善于与同学沟通，能够说服那些甚至对学生会所搞活动有不同意见的同学最后高高兴兴地参与到活动中来。

1970年，玛丽高中毕业，学校的64位毕业生中有60人被大学录取。玛丽当然也是其中的一个，她如愿进入了乌干达最高学府——马凯雷雷大学。她的专业是动物学，学制3年。

高中时期的玛丽

前两年的大学生活，打开了玛丽的视野，她更加努力和自信了。1972年，她参加了马凯雷雷大学学生会主席（Guild President）的竞选。在乌干达，大学学生会是大学所有学生团体的最高组织，作为学生会主席，负责全体学生的校园活动，代表学生与校方沟通，那可不是一个只有荣耀、不要求能力与责任的虚职。那次竞选是史无前例的，在马凯雷雷大学的学生会主席竞选名单上，首次出现了女生的名字，玛丽也成为学校有史以来参加竞选的第一个女生。她的这种敢为天下先，让当时学校的部分男生对她的参选大为不满，他们不能接受一个女流之辈跨过红线，来抢占本来属于男生的地盘。在竞选前，甚至有男生气势汹汹地跑到她的宿舍，威胁她，让她退出竞选。 而当玛丽断然拒绝并表示坚持参选时，那男生竟一气之下摔门而去。

玛丽就是要开女生参选之先河。竞选的一个关键性环节是参加向全国直播的电视竞选辩论。在辩论会上，玛丽巾帼不让须眉，沉着冷静，不卑不亢。无疑，她的表现是给她加分的。然而，她最终并没有赢得学生会主席的位置，学生们还是不能接受女生的强势。但她却获得了一个颇具讽刺意味的外号——“女生楼里的男生”（Our man in the box）。这是因为，当时玛丽所在的女生宿舍楼像是个盒子，而她却想做男生做的事，她也就自然成为这个盒子楼里的女汉子。当时也就读马凯雷雷大学、后来在托罗罗女子学校（Tororo Girls School）任教的彼得（Peter Tanga Okitela）老师回忆说，当时尽管玛丽没有胜出，但她却成为全校的焦点人物。玛丽的勇气令她敬佩。

高二时玛丽被选为校学生会主席

玛丽在马凯雷雷大学读大二时的留影

五、治学篇

舍得间赢取家庭与事业的平衡

经过这次竞选，玛丽成为了大学校园里女神般的人物，她也因此获得了男生的青睐。同一届读法律专业的纳森·欧克瓦克（Nathan Okawakol）对玛丽早有耳闻，玛丽身上所具有的那种淡然若定及与人为善，让他颇为动心。有个假期，玛丽也没有回家，他抓住机会，主动接触她，玛丽的天生随和让他们很快熟悉了起来。纳森来自天主教家庭，身上有着一股特别的温和与持重。与其他男生相比，他更能欣赏玛丽的优秀。在他看来，女生同样也可以有自己的追求并获得事业的成功，在玛丽的身上，他看到了这种潜力的存在，看到了她所具有的爱心、坚持及对未来生活的笃定。无疑，玛丽也在纳森的认同和鼓励中发现了更加快乐的自己，他们相爱了。

1973年，玛丽获得了动物学与植物学荣誉学士学位。学校决定让她毕业后留校，她成为了动物学系的一名助教。工作是愉快而富有节奏的，在任教后不到半年的时间，她便参与到在Kazi草原地区进行的一个关于白蚁的研究项目。毕业后，纳森也在坎帕拉的一家律师事务所找到了实习律师的职位。1974年10月，大学毕业后的玛丽与纳森结婚了，他们的婚姻得到了家人的认同和祝福。新婚不久，玛丽即开始攻读马凯雷雷大学动物学硕士学位，研究方向是生态学。1975年，他们的女儿格蕾丝（Grace）出生了。在家庭与事业之间，玛丽开始了她的平衡之旅。

作为娘家的长女，玛丽终于通过家人的支持和个人的努力，获得了自食其力而又体面的大学教书的生活。然而，她的母亲却不能

1974年玛丽在攻读硕士研究生时在Kazi 草原进行户外调研

看到这一天。母亲不在，长女如母。玛丽在照顾自己家庭的同时，也肩负起了照顾娘家最小妹妹的学业职责。她把小妹妹接到自己的家里，同吃同住，供养妹妹上学。与此同时，她还要照顾到家里的父亲和其他的兄弟姐妹。而自己的二女儿伊丽莎白（Elizabeth）和儿子塞缪尔（Samuel）也相继出生。在抚养孩子、照顾家人的间隙，玛丽还要教书、撰写毕业论文。辛苦是可想而知的，但她努力把两边都做到最好。

1975年，获得硕士学位后的玛丽并未止步，她希望自己在学术道路上有更高的作为，于是开始考虑攻读博士学位。她打算在一所新的大学攻读学位，她的本科和硕士都是在马凯雷雷大学获得的，本科毕业不久她就结婚了。在读硕士的时候，作为一个年轻家庭中的妻子和母亲，更是不能离开家的。然而，终于有机会可以攻读博士学位的时候，她是多么想换一所学校，换一个新的环境，有更多新的发现和收获，但她同时也担忧她离开后的家该怎么办。她对丈夫坦言了自己想去国外攻读博士学位的念头，丈夫不但没有质疑，还给予了她最大的理解与支持，这让她备感欣慰。

机会总是垂青有准备的人。1975年，玛丽申请并如期获得了英国牛津大学攻读博士学位的录取通知书，这实在是令人振奋不已的消息，玛丽真有点欣喜若狂了！玛丽知道，在世界顶级大学攻读博士学位，是一种荣耀，更是人生难得的经历，是她攀登学术高峰的新起点，而且这个起点，对多数人来说，可遇而不可求。

当时，英国政府又恰好给了玛丽一个月的奖学金，资助她到英国自然资源研究所（Natural Resources Institute）、大英博物馆及牛津大学进行调研。玛丽正好也利用这次机会，提前感受一下英国的环境。

玛丽来到了牛津大学，多雨偏阴的英国天气，并没有让玛丽感到压抑，行走在牛津古朴而又饱含岁月洗礼的校舍中，教授和学生们脸上挂着的那种淡定、超然的气质令她羡慕不已，她暗自告诉自己，很快，我也会走在他们的中间……无疑，牛津大学所内蕴的那种学术氛围正是她所最为中意和向往的。

在牛津大学的调研开展得很顺利，这令玛丽感到特别愉快。她意识到自己的适应能力很强，虽然是在英国调研，但自己以往的学术积累还是发挥了关键作用，自信心油然而生。期间，玛丽还见到了她未来的博士生导师，导师欣喜地将他这个来自乌干达的女学生引荐给所在院系的师生们认识，玛丽还被邀请参加了老师和同学的一次聚餐，聚会更是让玛丽找到了一种久违的归属感。在牛津的所见所闻无疑是愉快的。那里的学习和生活环境真的是无可挑剔，那里的一切让玛丽庆幸不已，也心动不已，她觉得自己找到了攻读博士学位再理想不过的院校。调研结束，离开牛津这座大学城，她想她一定会再回来的，开始她在牛津攻读博士学位的生活，那时，她也将从牛津的过客转为牛津的主人了。

就在将要返回乌干达的前两天，她经转伦敦，顺路去看望了当时在伦敦大学攻读博士学位的一位女同学，她们在马凯雷雷大学同期就读。然而，在女同学那儿停留的那一两天，却从根本上动摇了玛丽返回牛津攻读学位的念头。

玛丽的这位女同学来自肯尼亚，只身一人在英国攻读博士学位。博士论文写作的压力远比预期要大，答辩一再延期，让这位女同学焦虑不已；而最让她痛苦的是，自己的孩子和丈夫都留在肯尼亚，一家人长期处于分离之中，丈夫身体又出现了健康问题，天各一方，哪一方的生活都不容易。这位肯尼亚女同学对家人思念之痛苦，对养育儿女缺席之愧疚，让玛丽预见到了自己及家人为其即将在牛津读书所要作出的牺牲。

回程的路上，玛丽陷入了选择的两难之中。她反复权衡问自己："已经有了硕士学位，拿博士学位是必然的。如果有一天我拿到了牛津大学的博士学位，却发现家人因为我的离去，过着并不完美、不幸福的生活，我难道会心安吗？我一定会感到遗憾和愧疚的。孩子们不能没有母亲，丈夫不能没有妻子。"这样想着，她心中的答案渐渐明晰了。

回到坎帕拉的家，她欣喜地和家人分享在英国的见闻。同时，她也很认真地把自己的考虑同丈夫进行了沟通。纳森知道玛丽是要强的女人，尽管有这样或那样的困难，他还是特别支持玛丽在世界名校取得学位，并开玩笑说，这会让他家族的姓氏也能镀镀金。她最终还是放弃了去牛津大学攻读博士学位，而是选择留在马凯雷雷大学读博。

在玛丽看来，对于一个既为人妻又做人母的大学老师和科学研究者来说，要不间断做的一项工作就是在事业与家庭之间找到平衡。之所以说是“不间断”，是因为这种平衡不是静态的，而是动态的。后来，玛丽在印度开会，当地学术机构邀请她留下来在印度工作，她也婉拒了。

当然，很多时候，玛丽也选择了为教学与研究暂时牺牲对家人的陪伴。1990年，玛丽第一次、也是唯一一次没有在家过圣诞节，因为她要去英国自然资源研究所做一段时间的访问学者，以最后完成她的博士论文。而当时，她的大女儿正在准备一次重要的考试，玛丽最终还是不得不缺席，没能陪女儿度过那段对她颇为重要的日子。也有很多次，为了参会或做野外调研，她不能在家人需要她的时候在场。

回忆起自己放弃牛津读博的选择，玛丽并没有多少遗憾。她说，“我没有拿到牛津大学的博士学位，但几个孩子都获得了非常好的教育并在事业上有所成就，而我自己本身的事业也并未因此失去什么。”的确，玛丽的三个孩子都获得了良好的大学教育，并且有了属于自己的一片天地。大女儿在乌干达壳牌公司（Shell Uganda）做会计师；二女儿学医，是Yumbe医院的医生；儿子学习法律，成为了一名职业律师。

马凯雷雷大学的第一位动物学女教授

玛丽是个做什么爱什么的人，她特别喜欢自己所从事的研究。她本科学习的是动物学和植物学，当时有一位英国教师讲授动物学这门课，玛丽对他的课堂教学特别感兴趣，于是选择了动物学。玛丽的硕士和博士都是学动物学，并在英国阿伯丁大学（University of Aberdeen）进修培训。

玛丽的博士论文是关于“环境学土壤微生物之于土壤质量”的研究。事实上，关于土壤微生物的研究一直以来都是个空白。多数的动物学家和环境学者会去观察显而易见也相对容易观察的动物，比如大象、猩猩等。玛丽另辟蹊径，希望通过对土壤微生物研究，对乌干达这样一个农业国家的农业生产有所贡献。她的博士课题研究需要做很多的观察实验，如借助显微镜观察微小动物对土壤的影响等。通过反复的实验和比对研究，她提出，土壤动物的多样性和密度的变化与土壤质量的变化密切相关，土壤微生物在多样性和密度分布方面的减小，会不同程度地影响土地的质量。

博士毕业后，玛丽也曾经研究过土壤动物对于农作物生长的影响。通过比较研究，她发现，土壤动物的稀薄和分配状况，会对农作物生产带来重要的影响。例如，某一地区土壤动物种类多元且数量丰富，土壤就会相应地有利于农作物生长。她就此还做了一项关于土壤生产力的比较实验。实验是选取一块土地，先控制土地土壤动物的数量和密度，然后对土壤施肥，比较缺乏土壤动物的土壤与缺乏土壤动物但施有肥料的土壤在生产力方面的差异。研究结果发现，土壤动物的丰富性和密度，对土壤的质量有着至关重要的作用。实验效果特别明显，她的研究假设得到了科学印证。

土壤动物研究需要特别的投入。有的时候，玛丽为了做研究，要到森林里去做实地调研，有时会在野外一连工作几个星期。在森林里进行研究的时候，随时都可能遭遇各种危险，因此，进入森林地带要穿胶质的高邦靴，以防遇蛇咬或者是被荆棘刺破脚。好在，她一般都有研究助手同行，不是一个人单枪匹马。有一次，她在森林中做研究，研究得太专注了，转身间突然发现一条眼镜蛇就在脚旁边，顿时吓出了一身冷汗，不知所措。多亏她的研究助手反应机敏，把手中口哨扔出去，蛇扑向那个口哨，而玛丽向相反的方向飞速跑开，躲过了一劫。一朝被蛇咬，十年怕井绳。虽然没有被蛇咬到，但自那以后，野外调研时，玛丽总是心有余悸。

时间飞逝，在马凯雷雷大学工作了29年的她，于1998年获得了马凯雷雷大学教师“长期贡献奖”。1999年，她如愿晋升为全职教授，那时她已年近50。虽然职称晋升比一些男老师要稍晚些，但她却是马凯雷雷大学第一位动物学女教授，同时，她还是令人羡慕的伦敦皇家昆虫学会会员以及乌干达国家科学院研究员。自1973年开始在马凯雷雷大学从教后，她一直在教学和科研领域孜孜以求。她一直教授本科生及硕士生关于动物学、生态学方面的课程，包括与另外一个学院联合开设植物学课程。同时，作为导师，她还要指导学生论文，并开展相关研究。她以研究员及研究团队牵头人的身份，参加并主持了多个研究项目，发表了一批具有影响力的学术论文。

她在生态及自然资源管理领域的学识和积累，使她赢得了多方机构的认同和嘉奖，如被剑桥国际传记中心（International Biographical Center of Cambridge）授予环境研究领域1997 / 1998年度国际杰出女性，她同时也被聘为多个发展项目的顾问。在乌干达，她在社区、区域和国家的多家委员会及董事会兼有职务。例如，她是乌干达野生动物保护协会会员、乌干达环境保护信托委员会会员及国家环境管理局顾问专家，等等。凭借在科学研究领域作出的贡献，同时作为乌干达为数不多的女科学家，她已成为乌干达科学领域的一个具有象征意义的代表性人物。

在非洲，玛丽教授还兼任非洲土壤科学学会理事、热带土壤生物学与土地肥力研究非洲协会的联络官以及东非野生动物协会理事会副主席。在国际上，她曾任“国际热带土壤生物学管理委员会与土地肥力计划项目”（the International Board of Management of the Tropical Soil Biology and Fertility Programme, TSBF）的主席（1998–2001），以及由GEF及环境规划署就七个热带国家实施资助的“土地可持续生产及生物多样性项目”的全球指导委员会主席（2004–2005），她同时也是该项目的全球顾问委员会成员。

六、从政篇

乌干达“国际劳动妇女节”的始倡者

在乌干达以及非洲很多国家，女性长期以来被社会边缘化。玛丽校长在学界及高等教育管理领域取得的成就是鲜为人见的，再次证明了女性可以通过接受教育和自身的努力，从较低的社会阶层中脱颖而出，改变命运。同时这也足以说明玛丽校长一路走来的辛苦。的确，她一路都是纪录的打破者。但她打破的这些纪录，不仅仅在于改变她自身的命运，她也曾为改变乌干达妇女的命运而奔走。

玛丽在学术界取得的成就足以让她感到自豪，但她的成就远远不止于此，她同时还是个出色的社会活动家。玛丽在大学读书和任教期间一直都积极参与女性赋权活动。从小到大，作为女性的她，深感性别原因在其自我发展中的种种障碍和限制；身为人母、人妻，她也越发能体会到职业女性在事业发展中要面对的多重挑战；从中学到大学，在女生中卓尔不群的经历和自信，让她深感赋权女性的社会责任与时代意义；同时，她知道自己有着潜在的领导力，希望发现和实现自我并惠及社会。

1982年，作为马凯雷雷大学的讲师，玛丽做出一项重要决定，她向学校提出停薪留职两年的申请，并得到校方的批准。随即，她开始一项全新的工作，即作为时任执政党党内女性事务秘书处秘书长，负责全国女性工作，这是执政党负责女性事务的最高职务。显然，这是一项与教书、科研完全不同的职责。但玛丽希望挑战自己，并有所成就，她最朴素的初衷就是为乌干达女性事业发展而工作是值得的。那时，她的丈夫也在政府的一个部委任副部长。同在政府兼任要职，夫妻间的理解也就更为深厚了。

1983年，玛丽作为大会主席，主持了马凯雷雷大学承办的“2002年国际跨学科世界妇女年度大会”（International Interdisciplinary Women's World 2002 Congress），大会的主题是“性别世界：赢得与挑战”，有2000多位代表参会。同年，玛丽同其他几位职业女性发起并成立了乌干达妇女金融信托组织（Uganda Women’s Finance Trust），从经济上对数千名乌干达妇女提供资助。这项工作坚持下来，改变了不少女性个人与家庭的命运。

长期以来，乌干达的妇女淳朴能干，但地位低下，她们迫切需要改变命运。玛丽之前在报纸上就看到其他国家庆祝“三八妇女

2010年3月，作为乌干达十位杰出女教授，玛丽获得马凯雷雷大学颁发的“性别平等奖”（Gender Equality Awards）

节”的新闻，当时她就在想，要提升乌干达妇女的家庭及社会地位，首先要改变传统观念，但观念的改变确实是最难的一部分。她想，是不是乌干达也可以通过庆祝“国际劳动妇女节”的活动，促进全社会不断思考女性问题，提高社会性别意识呢？于是，在乌干达发起庆祝 “国际劳动妇女节”的想法列入了她的工作日程。她开始多方奔走，并策划此次庆祝活动。当时，很多人觉得这样的节日最多只是个噱头，没有实际意义，1983年庆祝妇女节的计划无果而终。

好事多磨，玛丽从来都认为，做任何事，其“可能”与“不可能”之间的差别取决于个人的决心、毅力与专注程度。为了把妇女节的活动做起来，让“不可能”成为“可能”，她不遗余力，积极联系乌干达国内不同领域的女性，包括与全国妇女协会携手，一同策划下一年度的首庆。在活动说服和策划中，她认识到由上至下推动该活动的必要与力度。于是，她与全国妇女协会的负责人一同前往总统府，拜见了当时的第一夫人米里亚·奥博特（Miria Obote），期待得到她的支持。她们向第一夫人详细解释了妇女节庆祝活动的目的和活动内容，具体到在妇女节前一周里所安排的连续性宣传活动，以求获得最广泛的社会关注。第一夫人对她们的倡议给予了高度肯定，这让她们备感鼓舞。

为了把庆祝活动搞得更富感染力，玛丽提出要专门创作一首为妇女节而作的歌曲。为此，她亲自找到马凯雷雷大学的一位音乐教授为妇女节谱曲。为她的诚意所感动，教授欣然相助，并与学生一同完成了《妇女节之歌》的创作。

有志者，事竟成。1984年3月8日，妇女节庆祝仪式在国会举行。时任国家总统、第一夫人以及各部部长和议员们都参加并见证了这一历史性的庆祝仪式。如愿以偿，1985年，乌干达政府正式将3月8日定为乌干达国家的法定节日。1985年7月，乌干达第一夫人米里亚·奥博特率团出席了在肯尼亚首都内罗毕举办的“联合国妇女十年”（United Nations Decade for Women）活动告捷会议。玛丽也作为重要代表随团参会，在大会上，她与来自世界各地的妇女代表一同回溯了各国女性发展取得的十年成就。玛丽为自己所作出的努力而骄傲，也为乌干达妇女发展而忧心。虽然乌干达政局几次易主，但国际劳动妇女节的庆祝活动从未改变、停止。每年3月8日，举国庆祝妇女节的日子，也是玛丽内心最感欣慰的时刻。

为女性发展而奔走

之后，玛丽还发起并成立了“Namagunga 老女孩协会”（Namagunga Old Girls Association）。她还参加过多届在中国举办的世界大学女校长论坛，并作为第四届论坛的组委会成员，代表

2011年3月8日，乌干达妇女在首都坎帕拉举行的庆祝“三八”国际劳动妇女节活动上表演传统舞蹈，乌总统穆塞韦尼到场参加庆祝活动并问候社会各界妇女代表

非洲高校女校长在大会上发言，带来非洲女性对非洲女性发展问题的思考和展望。

在赋权女性的社会活动中，玛丽从未止步。她后来还兼任过非洲女教育家论坛组织（FAWE Uganda）乌干达区域的执行主席，获得了乌干达“妇女金融信托”（Uganda Women’s Finance Trust）等组织授予的奖项。1999年，玛丽被乌干达非洲女教育家论坛组织评为“杰出女性代表”。[①]

从小学到中学到大学再到工作岗位，玛丽一直都是各种组织的负责人，她一次次地证明自己有着潜在的领导力。但在玛丽看来，当一个人逐渐被赋予更多责任的时候，他也就有了更多锻炼的机会，个人潜在的才能才能得以提升、展示并获得认同，人们就会给你更多的机会，从而形成一个良性的循环提升。

七、建校篇

动荡中筹建古卢大学的副校长

2001年，玛丽开始了她在马凯雷雷大学的另一项特殊工作。在教书和科研的同时，她成为了教育部选定的北部古卢大学（Gulu University）筹建专责小组[②]的成员之一。在马凯雷雷大学内林肯楼

---

① 非洲女教育家论坛组织（Forum for African Women Educationalist）是泛非洲的非政府组织，在32个非洲国家通过性别教育赋权女孩和妇女。

② 专责小组的成员包括J. Nyeko Pen Mogi 博士，Stephen Tikodri 博士以及Peter Egwelu先生，他们后来分别成为了古卢大学的首任校长、大学秘书长、大学教务长。

公寓租用的一间办公室里，她与另外三位同事开始了乌干达北部古卢大学的建校筹备工作。古卢大学是乌干达第四所公立大学，当时因国内及周边国家局势动荡，筹建工作前后持续了两年。

2006年玛丽任古卢大学副校长

事实上，1986年，穆塞韦尼政府执政乌干达后，前政府军退至北方，分散为多股叛军继续战斗，层出不穷的武装集团割据国内各大族群。而建于1987年初的"圣灵抵抗军"，为报复政府军的打击，在乌干达北部地区不断袭击平民，还进行绑架以增加兵源。[①]这一情况特别严重，学龄儿童也经常会被绑架充军，北部地区一些学校的孩子下午放学后都不敢回家，而是在学校附近寄宿过夜，早上天亮时再回家。

① 1986年，乌干达长达五年的内战刚刚结束，但暴力却依然延续。南方人约韦里·穆塞韦尼 (Yoweri Museveni)的武装起义推翻了北方人统治的政府，迫使前政府军溃散至北方，在那儿分散做小股叛军继续战斗。在北部乌干达，暴力成为日常生活的组成部分，层出不穷的武装集团割据各大族群和国家。而始建于1987年，由约瑟夫·科尼等率领的"圣灵抵抗军"（Lords Resistance Army），是一支活动于乌干达北部以及苏丹部分地区的游击叛军。该组织被指严重侵犯人权，包括涉及为报复多国政府军的联合打击，"圣灵抵抗军"近年来加大了袭击平民的力度，同时还进行绑架以增加兵源。联合国提供的数据显示，2008年9月至2009年6月，"圣灵抵抗军"在刚果（金）多次袭击平民，造成至少1200人死亡，23万人流离失所，绑架超过1400人，其中包括600名儿童和400名妇女。2009年底，"圣灵抵抗军"在刚果（金）的一次屠杀造成至少300多人遇难，250人被劫持。在20多年的反政府叛乱中，该武装在乌干达北部造成数万人死亡，以及200万人无家可归。2011年11月22日，非洲联盟正式宣布乌干达的"圣灵抵抗军"为恐怖组织。

2002年，鉴于北部地区动荡不安的局势，政府征求古卢大学筹备委员会的意见，是否等局势稳定之后，再到北部地区开始大学的筹建工作，但筹委会还是决定在冲突中开始实地建校筹备工作，以期尽快扩大北部地区高等教育的辐射。2002年上半年，筹建办公室落地古卢，古卢大学实地建校工作正式启动，当年9月，古卢大学也迎来了第一批学生。2002年，还在学术休假期间的玛丽临危受命，出任古卢大学的首任副校长，她也因此成为乌干达公立大学内的首位女性副校长。2003年初，冒着不可预见的危险，告别在坎帕拉的家人和朋友，玛丽毅然启程，奔赴古卢大学履新就职。

学校的筹建工作总是千头万绪，工作条件异常艰苦，资金匮乏，人力有限，创建工作比想象的还要困难，但这些还是能够克服的。最让人揪心的，还是险象环生的安全局势。事实上，那时古卢大学所在的乌干达北部地区暴力不断，绑架、劫持、残害、屠杀成为日常生活的组成部分，深陷意外似乎是每个人都不能逃避的命运。

2003年5月的一个中午，在乘车回学校的路上，玛丽遭遇了反叛分子的伏击。有四个埋伏在草丛中、手持枪械的家伙，向他们的行车挥手示意，要他们停车接受检查。然而，他们知道，车子一旦真的停下来，什么事情都可能发生。紧急之下，玛丽校长果断地告诉司机“先减速”，司机于是放慢车速，但并未按绑匪的要求完全停下车。而当车子徐徐靠近绑匪、绑匪也觉得车子要停下来的时候，玛丽校长朝司机大喊一声“加速”！ 司机猛踩油门，车子从绑匪身边猛地蹿出去，全速驶离……有惊无险，他们逃过了一劫。

事实上，当时玛丽校长的其他同事，不少也都遭遇过类似的危险状况。这种人身安全随时处于危险之中的境况，让玛丽和她的

2005年10月28日，乌干达两名儿童兵经解救回归正常生活

家人有着异常矛盾而又复杂的心情，焦虑与担心时时困扰着他们。在玛丽初到古卢的那段时间，玛丽的丈夫有时会在周末去古卢看望她。出于安全起见，他们选择乘坐飞机。古卢大学在坎帕拉北320公里的古卢市，但陆路交通实在是吉凶难料，意想不到的事随时随地都可能发生。而乘坐飞机的费用太高，校方也负担不起，玛丽只有硬着头皮通过陆路往返于古卢与坎帕拉之间。一次，晚上6点，玛丽在大学校园外不远处的街上用公共电话给丈夫打电话，听到她的声音，她的丈夫在电话那端就大喊起来，“你不要命了，怎么这个时候还出学校来打电话？”危险的确存在，在玛丽看来，有人就得要冒险，那怎么办呢？新的大学一定要建。

玛丽在古卢大学主要负责学术及学科发展，此外她还要负责课程建设、教师聘用，包括兼职的老师和外请学者等工作。在建校之初，古卢大学首先建立了科学教育学院及人力资源系，并迎来了

194名新生，后来逐渐开设了传统的理科以及商科。2003/2004年度，学校医学院建成；2004/2005年度，大学成立了农学院，玛丽本人带领团队具体负责农业学科及课程的建设；2006年，古卢大学第一批学生毕业。

回忆起那段在古卢大学工作的日子，玛丽说：“曾经在饱受战火蹂躏的地区，带领一个团队开始古卢大学的建设，对我来说是对人生的一次测试和检验。这不单单是勇气问题，所有人把他们的责任交付于我，上帝引领在前，我只能将我的任务完成并做到最好。”

玛丽在古卢大学的表现、贡献和经验积累得到了国家教育部的认可。2006年6月，她迎来了人生的更高平台——被任命为乌干达东部布茨特玛大学的女校长。她也由此成为了乌干达有史以来公立大学体制内的第一位女校长。2007年，年近六旬的玛丽校长告别了为之奋斗四载的古卢大学，离开了她曾不惜冒着生命危险而终于开垦出的北部高教事业的那片土地，来到了位于布茨特玛的前国家农业机械学院，走马上任，开始另一所大学的筹建工作。

玛丽校长出生在乌干达东部，东部曾有着她清苦但不无欢乐的童年时光，也有她努力读书求学的少年记忆。作为乌干达公立大学的首位女校长，也是乌干达东部第一所大学的女校长，与其说她有着衣锦还乡的荣耀，不如说她身载着开创东部高等教育使命之重负。她深知，在东部这样落后的农业地区，开拓高等教育的艰辛与不易。这里的经济发展、地理位置与综合的人文背景等等，实在是无法与首都坎帕拉相提并论，而创建多校区大学的探索更是举步维艰。然而，教育改变命运，这是玛丽校长最切身的感受，也是她愿意放弃教学科研，转型为高等教育管理者的一个重要原因。在她看来，一所大学就是一个地区的希望。

筹建并管理一所多校区模式的大学

乌干达政府为了普及国家高等教育，早在1992年政府公布的《教育白皮书》中就提出拟定在东部地区建立一所公立大学，以促进东部地区的发展并给东部地区的年轻人创造获得大学教育的公平机会。事实上，多校区的建制，是为了一种平衡。当政府宣布在东部地区建立一所大学的时候，东部的许多城镇纷纷迫切要求在他们的所在地设立大学，各执一词，争执不下。为了平衡起见，也为了均衡带动东部地区的经济发展，多校区的建校模式最终被确定下来。

多校区是布茨特玛大学的建校模式，类似于古卢大学，主校区设在位于布茨特玛的国家农业机械学院。布茨特玛大学2007年5月10日被正式批准建立，到2013年8月随着大学医学院的建立，布茨特玛大学已建成了包括主校区在内的5个校区。而了解这所大学，了解玛丽校长，首先要了解多校区的大学建制，这也是布茨特玛大学发展的一个基本前提和理念，多校区的建制也决定了这所大学的办学特色和发展规模。

2007年，玛丽校长上任伊始，百废待兴。建校之初的挑战是多方面的，包括教学设施的配置、教学资金的筹措、师资的招募与储备，而在东部广大农村地区开展招生工作，有着诸多的不便及挑战。此外，学校的位置并不在城镇中心，而是在农村地区，这可以说是一项不利的因素，要把老师或学生吸引过来并不容易，交通不便是主要障碍之一。

当初，所有教师都居住在附近的城镇，玛丽校长也住在托罗罗。她每天都要往返于学校和托罗罗之间，加班晚归是家常便饭。托罗罗地区的安全虽不像是北部地区那样存在反政府武装的威胁，但日常治安也不尽如人意。即便我们在2010年去访问的时候，也被告知晚上最好在宾馆内活动，不能外出；而所住宾馆的保卫都是荷枪实弹，校长家也有持枪的保卫，社会治安可想而知。

身为玛丽校长行政秘书的海瑞特女士，回忆起建校时的经历说：建校之初，学校的办公条件特别有限，校长就和其他高层职工在一个办公室工作。办公室不大，校长和所有人（差不多16个人左右，不到20人）共用一个办公桌， 共同讨论工作计划，推进工作。她和大家一起吃工作餐，一样的饭菜，一样的繁忙辛苦，一样的孜孜以求……能成为玛丽校长的秘书，她感到特别兴奋和激动，内心也充满了对这位颇具传奇色彩的优秀女性的崇敬，但校长却是出乎意料的平易，毫无架子。海瑞特觉得那段与校长同甘共苦的日子令她终生难忘。

布茨特玛大学现已建成了五个校区，布茨特玛校区是该大学的主校区，也是玛丽校长办公室的所在地。主校区的教学楼舍并不多，只是为了满足工程学院教学的需求。

布茨特玛大学是一所以工科为主的高校，每个校区都有一个主导的学科特色方向。其中，Nagongera校区成立了科学与教育学院，农业与动物科学学院位于Arapai 校区，自然资源与环境科学学院设在Namasagali校区，健康科学学院设在Mbale 校区（在Mbale Referral医院内），而计划中的Pallisa 校区和 Kaliro 校区将分别设立管理科学学院和职业教育学院。在建校的前四年，逐一建成了四个主要校区。经过努力，四个校区发展稳定，各自按着既定的校区主题教学方向有序发展。毋庸置疑，在乌干达，建立多校区的高校教学模式，是玛丽校长对乌干达高等教育的一大重要贡献。

然而，必须承认的是，虽然多校区的建校模式促进了东部高等教育的均衡分布，但这种多校区的教学模式也存在非常现实的挑战。一方面，每个校区规模较小，学科单一，学生数量有限，缺乏一种常规大学中所承载的校园文化氛围；同时，每个校区都必须要设一个管理团队，这样就会出现重复建制的问题，给有限的学校经费带来压力。另一种挑战就更为现实——来自于各校区之间的距离。学校的五个校区多数都不在主要的城镇中心，而是分布在郊区，多数校区离中心城镇要有十几甚至几十公里；而校区之间也是有一定的距离，比如最远的校区离主校区就有160公里。因此，创新管理模式，在各校区之间做好平衡与协调，成为玛丽校长首先要考虑的问题。

玛丽·欧克瓦克教授就任布茨特玛大学校长仪式

为此，玛丽校长提出了“校务会校区轮转制”，以求在多校区管理模式的基础上，实现平衡与协调。具体做法是：按计划，确定每个月有一次校务会，在不同校区轮流召开，并进行现场办公。这样，各分校区就不会抱怨他们被忽视了。这样做不但可以对每个校区工作有实地的感受与了解，同时还会促进不同校区之间的交流，促进多个校区的身份统一与归属。对于玛丽校长来说，这的确要考虑管理上保持平衡的艺术，而这也的确是一个非常具有创新性的校园管理方式。

但这又带来新的问题，即交通费用及管理成本的压力。开会总是在四个校区之间轮转，其他校区的高层管理者就要定期往返于其他三个校区之间，交通支出成了一笔不小的费用。此外，玛丽校长还要每个月到各校区一次，进行现场办公。在玛丽校长看来，虽然交通上的花销比较大，但这一管理模式对于多校区的大学来说非常必要，因为每个校区都能够照顾得到，而不同校区之间又能够相互了解，形成一个相互促进、取长补短的管理氛围。

八、治校篇

校长如家人

往返于这些校区之间，同时还要往返于学校跟首都坎帕拉之间，奔波成了玛丽校长的工作常态，而这又特别消耗体力、时间和精力。在不断的奔波中，她深感疲惫，毕竟也是60多岁的人了。在乌干达，公路上是没有路灯的，夜间只能靠行车灯的自我照明，交通安全存有隐患，但她却不能回避，她的工作的一部分，好像就是在路上……推己及人，玛丽校长深感交通给员工带来的压力。

玛丽·欧克瓦克教授在其校长办公室

事实上，建校的前几年，几个校区所在的公共交通非常有限，而校区又没有员工宿舍，几乎所有的员工都要通过公共交通来上下班，有时要等上1-2小时才能搭上去学校的车辆。如果员工家里或个人稍有意外状况，就很容易上班迟到。安居才能乐业，玛丽校长后来下决心，租用了专门的客车接送员工上下班，上下班的路程只需要半个小时甚至更短的时间，这大大减轻了员工上下班交通不便的困窘。

“校长如家人”，这是我采访在玛丽校长身边工作的员工时，他们都会发出的感叹。在他们的眼里，校长总是像对待家人一样对待自己身边所有的人，尤其是在大家遇到困难的时候，校长总会给他们无微不至的关心和照顾。

身为玛丽校长行政秘书的海瑞特对此感受最深。2010年6月，海瑞特的父亲不幸病逝，她请了三天假回到老家安置父亲的葬礼。她老家所在的村子离托罗罗有3个多小时的车程。然而，在葬礼举行的当天，令她意想不到的是，校长及几个同事一行，风尘仆仆，来到了葬礼现场，默默地，像最平实的朋友和家人那样，按村风习俗，陪伴海瑞特送别亲人。在乌干达，大学校长享有很高的社会地位和声誉。无疑，玛丽校长的到来，让海瑞特和她的家人感到特别的温暖和欣慰。

布茨特玛大学校长玛丽·欧克瓦克教授

还有一次，海瑞特的儿子生病，校长足足给她放了两个星期的假。但孩子的病情还是让当时的她非常担心，甚至感到沮丧、绝望。那时候，校长这样跟她说："没有无缘无故发生的事情。孩子病了，虽然令人难以接受，但还是件好事，对你来说这是一种考验，不要担心，有我们和你在一起。"那一刻，海瑞特知道，校长始终在她的身边，尤其是在她需要的时候，总会让她心里觉得踏实。

和平女士也在校长办公室工作，她是学校的公关部主任。一段时间，她的手机意外被盗拨，陷入了与手机运营商的纠纷，让她不知所措。期间，玛丽校长协助她找到相关专家，给她提供法律咨询，雪中送炭，在她的心里，校长就像家长。

大学是学生的大学

学生是学校的中心。玛丽校长常说："没有学生，何谈大学？"作为一校之长，她非常关心学生的学习和生活，她的关心会体现在方方面面。而她自己做学生时的感受及身为授课教师的经历，让她觉得学生才是一所大学的根本。

采访玛丽校长时，她说："我所做的，就是尽量提供给学生他们想要的学习和生活，我们能够提供的，包括听取学生的意见。我会跟学生会的成员保持密切的联系，组织学校的管理人员同学生代表对话，了解学生们在教学生活中遇到的问题，如关于学校设施建设、课程调整等，来真切地了解并尽可能解决问题。"

每学期，玛丽校长都会主动跟学生会的干部见面，跟他们交流并且询问他们学习生活上有何需求，是否面临什么困难。如果学生召开任何学术活动或者会议，她都会亲自打电话给相关部门，确保所有的设备都到位，学生活动能够顺利进行。每每有学生干部选举活动，以及各种学生庆祝典礼，她总会在场坐镇、助阵。

玛丽校长特别注重开学及毕业典礼活动，她深知这是学生人生中最重要的时刻，做好典礼活动，是对学生的尊敬。通常在毕业典礼上，校长都会动用自己非常强大的人际关系网，邀请国内外知名大学的学者甚至是外国驻乌干达大使等来参加典礼，让学生感受到榜样的力量，感受到学校对他们寄予的厚望。

作为大学的校长，她总是希望尽自己最大的努力，尽可能满足学生的要求。但有些要求，会让她感到无能为力。建校以来，布茨特玛大学的学生也组织过几次罢课。一次是因为学校电力和用水供应不稳定，导致学生罢课；另一次罢课还引起了当地媒体的关注，是学生呼吁接通布茨特玛校区的互联网服务。要知道，布茨特玛校区并不在托罗罗的城镇中心，而是在约20公里外的田野上。这也就是说，大学的所在地，除了学生和老师，是没有其他常居人口的。这样，出于互联网商业用户数量有限的考虑，当地的通讯公司不愿意在布茨特玛校区这样互联网用户不多的地方设立无线网接入热

玛丽校长陪同乌干达总统穆塞韦尼在Mbale 校区参加大学五个校区的学生联合举行的庆典活动

布茨特玛大学的学生表演传统的吉苏人（Gishu）舞蹈

点，校园的互联网信号自然总是处于不稳定的状态。当然，学生罢课是要促进学校解决这些问题，但学生也知道，乌干达的其他大学也存在类似的情况。

布茨特玛大学女生在校园内研讨学习

尽管与乌干达的其他公立大学相比，布茨特玛大学学生罢课的次数和规模都少了很多，但这样的罢课还是让玛丽校长感到，一个国家经济发展落后，公共服务跟不上去，也必然会影响到高等教育的发展，而高等教育的发展又会带动经济的发展。在这样两难的状况下，争论先有鸡还是先有蛋，是毫无意义的。玛丽校长选择的是争取一切可以争取的。为此，她同乌干达几所公立大学的其他校长，就电力供应及互联网信号问题召开专门会议，敦促电力及通讯公司给予重视和解决，尤其是呼吁通讯公司，在大学建立无线网的接入热点，确保通讯信号进入校园。

玛丽校长的办公时间总是对学生敞开。在她的办公室，常常能

布茨特玛大学学生参加环保活动

见到她亲自和学生面谈。作为一位校长，这在乌干达并不常见，这一点让学生和周围员工很是敬佩。在一些大学里，几年的校园学习生活中，学生未必有机会可以同校长进行面对面的交流，但是玛丽校长就是要做到这点。她要让学生知道，大学是他们的大学。

2010年10月2日，是玛丽校长感到兴奋而满足的日子。她为之努力四年的大学，迎来首届毕业典礼。校长过问了毕业典礼的每个细节，包括为了让学生圆满地离开母校，她提出要在毕业典礼的当天，让学生拿到学位学历证书以及课程记录单。从那以后，这一做法保持至今。在乌干达历史上，布茨特玛大学的学生也首次获得了科学教育和轧花工程学士证书。

为国际化而奔走

国际化是现代大学发展的重要推手。无论从她的学业及研究经历，还是她在马凯雷雷及古卢大学的教学与管理经验，都让玛丽校长颇具国际视野。为了让学校能够更好地发展，她致力于开展各种国际合作项目，跟不同地区的大学合作，提升学校的教学与影响力。

每次到国外出访开会，她都会抓住机会，开拓国际合作渠道。2011年11月，她来中国厦门大学参加第五届世界大学女校长论坛。开会之余，她一直忙着与之前接洽过的一所位于中国山东的农业技术学校取得联系，希望利用会议结束后的两天时间访问该校并建立合作关系。我当时也在厦门，会议之余就本传记对她作采访，见她为访问山东学校着急，于是也帮助她联系对方学校。当时恰逢周末，对方留下的办公联系电话接不通，玛丽校长有些焦虑，不想浪费她在中国的访问时间，更不想去什么地方旅行观光，只想抓住任何可以抓住的机会，为学校的发展做些开拓。

当时，鉴于她回程的时间不能更改，而会后所余时间也不太够从北京往返山东，于是，我建议她是不是可以与位于北京的中国农业大学建立联系，她特别高兴。在玛丽校长的老朋友、时任中国驻芝加哥领事馆教育参赞陈维嘉女士的帮助下，通过一番越洋、跨校的电话联系，11月7日下午，我陪同玛丽校长到访了中国农业大学，柯炳生校长、王涛副校长热情地接待了玛丽校长。双方就教学及科研合作等事宜进行了会谈，都表示愿意进一步加强联系，开展实质性的合作。在王涛副校长的陪同下，玛丽校长还参观了农大的食品学院。应该承认，这是一次接触性的访问，而两个以农业为主的大学，在教学、科研发展阶段上存在差异，我也不知道双方是否真的可以找到未来合作的领域。但玛丽校长为学校开

布茨特玛大学的学生参加毕业典礼仪式

托罗罗岩石(Tororo Rock)为当地标志性风景

2008年，玛丽校长在夏威夷与参加世界大学女校长论坛美国分论坛的部分代表合影

2008年9月25日，玛丽校长与日本城西大学水田宗子校长签署两校合作协议

拓合作空间的那种迫切的愿望，和她不轻言放弃的那种坚持，让我敬意油然而生。玛丽校长在她的个人履历的最后一段常常以这样一句话结尾：可能与不可能的差别，在于决心、毅力与专注程度的不同。[①]

至今，通过玛丽校长的积极推动，学校已经积累了一批稳定的对外合作机构和组织，与国内、区域内及国际上的大学建立了合作关系。其中，包括乌干达所有的公立大学，部分非洲国家大学，中国、泰国、朝鲜、日本、以色列、俄罗斯等相关大学及欧洲的一些大学；同时还与乌干达国家农业部等建立了合作关系。

玛丽校长特别清楚，所有的合作都是以有利于大学发展为前提，学校所建立的合作多数都是以项目为基础的。例如，在创建一些新学科的时候，会依靠协议大学的先行力量与经验，包括由这些大学选派专业教师协助创办新的专业，这样就减少了在专业创办过程中师资配置的盲目性。

践行校园“性别主流化”理念

在乌干达，性别问题一直是一个非常突出的也是根本性的问题，提高社会性别意识非常具有挑战性。事实上，这一问题在许多发展中国家同样存在。尤其在以工科为主的院校，女生比例不高，多数女生在选择大学专业的时候，倾向于回避理工学科，她们会觉得自己学习数学太难了，而男性更适合学习数学。玛丽校长却是工科出身，她对此有着自身的感受和体验。她承认男女在性别上存在差异，但不接受女生不适合学习理工的偏见。

---

① 这句话的英语原文是：The difference between the possible and impossible lies in the level of determination, discipline and focus.

2012年11月，玛丽校长访问中国农业大学，与中国农业大学柯炳生校长、王涛副校长交流

作为一位女校长，同时也作为现代高等教育的倡导者，在建校之初，玛丽校长就提出，一定要把“性别主流化”（Gender Mainstreaming）作为布茨特玛大学的办学基本原则，并将其融入整个大学的办学理念之中，促进全校师生具有鲜明而敏感的性别意识。例如，在招生过程中，她会要求学校宣传团队走到中小学里，宣传那些在理工学科取得成就的女性榜样，鼓励女生选择学理工。在这一理念下，学校还制定了男女学生比例发展目标：女生比例

占到学生总数的40%–50%。通过努力，目前学校女生的数量，由建校之初的9%–10%（2007年），提升到16%–23%（2013年）。

此外，学校提出在每个专业教学方向上，都必须要考虑性别这一问题。每一个专业的课程设置必须融入性别意识的教育，这也包括那些工科的专业，会把工程及性别两个看似不搭边的课程结合在一起。在布莰特玛校区，学校聘请了专职教师教授性别课程，针对工程学院的各个专业，如农业机械化、灌溉工程、纺织工程、计算机工程等，都要安排学习这门课程。

在每周两小时的课程中，教师会引导学生理解一般的性别问题，如性别问题是如何产生的、非洲的性别问题等，进而引导学生反思与专业相关的性别问题，例如，让学农业的学生比较，在乌干达农村，男性和女性劳动力的分工情况。通过思考和讨论，学生意识到，农村女性往往是重劳动力，但她们的付出并没有得到认同。通过这样的课程，学生们特别是那些男生会意识到，农业生产中存在不同程度的性别不平等问题，同时，性别问题不只是关乎女性，也同样关乎男性自身。

此外，性别课程会鼓励学生将性别话题引入工程专业的学习，引导学生思考自己的专业和在未来的职业中，有哪些与性别问题密切相关，以此来培养学生的批判性思维能力及性别意识，激发学生思考问题的多维角度。

在非洲，乌干达是提倡性别主流化走在前列的国家。乌干达的首任女副总统就高调提倡“性别主流化”这一概念。在乌干达议会中，女性议员超过30%。尽管大学也要求努力实现这一目标，但不做硬性要求。然而，为践行“性别主流化”这一理念，在玛丽校长的提议下，学校专门成立了一个特别工作组，来研究学校在性别方面存在的问题，以及面临哪些挑战。特别工作组还制定了学校“性别主流化”的工作目标。

赋权女性，为我所愿

玛丽校长多年来为促进女性发展的所思所为，早已让她形成一种惯性，她总是这样说：“赋权女性，为我所愿”（I am passionate about empowering women）。玛丽在教师的培养和管理上提出，科研项目运作要注意队伍的性别搭配，在聘用和晋升方面，特别关注职工性别比例。然而，这并不是说，因为是女性，就要给予优先的机会或照顾。她说：“我愿意鼓励和支持身边女性的成长。”

作为学校的法律顾问，在玛莎的眼里，“校长非常专业，颇具智慧，是位团队协作能力极强的好导师”。她回忆起校长来到布茨特玛大学后，与大家一起齐心协力，推进性别政策的落实，从政策的起草到大学理事会的最后通过，整个工作进展得非常迅速且高效。在玛莎看来，布茨特玛大学性别政策的落实，对于乌干达女性高等教育具有推动意义，它是推进女性在高等教育领域领导力的一个重要决策，也为促进非洲女性学生接受高等教育起到了示范作用，这一点，让她对校长充满了敬佩之意。

玛丽校长在工作中，总是有意识地锻炼并提升其部下核心领导成员的能力，这样，他们才会把自己的员工凝聚成一个富有创新性和工作能力的团队。

玛丽校长与来校讲座的Shelby博士及 G. F.Omaswa教授合影

九、领导力篇

女性领导力的平衡艺术

在传记的访谈过程中，关于女性领导力这一话题，我问过受访学院的院长及学校的其他高层管理者，也问过校长身边的员工，他们的表述很有意思。一方面，他们几乎都会说，在工作中，校长的性别好像不是什么因素，他们并不会常常注意到校长是女的；另一方面，在谈到与校长的关系时，年轻的女员工又多半会认为，她们常常从校长那里得到妈妈一样的理解和支持。尤其是当她们陷入工作、家庭和继续深造等几方关系纠结之中的时候，她们总愿意听取校长的意见，而也正如她们所期望的，与校长的对话，总是令她们感到温暖而又舒心，校长的建议总是令其豁然开朗；离开校长办公室，她们会觉得内心获得了一种释然和笃定。

作为一个女性管理者，玛丽坦言，"我在工作中面临的挑战，不是作为女性，而是所有处于我的位置上的管理者都会面对的挑战。当然，我也要承认，有些时候，有些人会因为性别而对我存有偏见或歧视。"但她坦言，她会经常提醒自己，恰恰是自己女性的身份，可能会让一些男同事觉得有距离感，所以要特别注意保持平衡，但她不会忽视那些有潜力的女性员工的发展。

在乌干达以及在非洲很多国家，女性长期以来被社会边缘化，玛丽校长取得的成就是罕见的。她再次证明了女性可以通过自身的努力，可以从较低的社会阶层中脱颖而出，进入到高等教育领域，进而成为较高的社会管理者，这也足以说明玛丽校长一路走来的辛苦。一路上，她一直在学生、学生领袖、妻子、母亲、教师、科学家、管理者、大学校长等角色间，不断地寻找着平衡，而又不断地作出突破，然后又再次建立新的平衡。

她认为，在家庭和工作之间的转换，让她获得了人生的双重体验和满足。一方面，从家庭到学校（family-to-work）的充实体验，提升了她的工作质量；另一方面，从学校到家庭（work-to-family）的不同感受，又让她深感家庭的重要和幸福。在两者间的转化中，个人在家庭和工作中的压力在另一空间得以释放。而家庭生活的积累，也让她在工作中更加富有工作效率，尤其是身为妻子和母亲所积淀的那种耐性，让她在工作中更有承载力和抗压性，这对于一个领导者来说，是不可或缺的能力，因为，领导者，就是要承担比周围人更多的压力。

分享领导力，至关重要

对于领导力的认识，玛丽校长认为，分享领导力（share leadership）尤为关键。分享领导力，就是要发挥每个人的积极性，让每个人都有满足感和成就感，让有经验的人发挥他们的领导才能，这样，一个人的领导力才会得以实现和延伸。而谈到自己的管理之道，玛丽认为，“一个机构或组织的工作效率，取决于组织内人与人之间的合作关系，团队合作尤其重要。作为领导者，就是要让每个人乐于参与，并有成就感；同时，在必要的时候，要给予相关的个人支持和指导。”

玛莎（Marthar Apolot）在布茨特玛大学担任律政官员，她长期和校长在一起共事。工作中，她总是感到得心应手，她认为其中的一个重要原因就是校长总是能够重视她的意见。玛莎说，“这样的工作氛围能推动你不断地上进……从大学建立至今，我和玛丽校长一起共事的机会非常多，其中包括处理大大小小的学校法律事务。”较大的一次是关于工作合同的案件。当时，由于一个项目的承包人并没有按照合同很好地履行自己的义务，学校决定与其协商，最后案件得到了很好的解决，学校并没有为此受到损失。总的来说，玛莎认为校长非常信任她，这也使她能够在律政官员这一职务上表现得很出色。她同时也感到，作为一位领导者，校长非常乐于接受建议，乐于倾听，这让她在很多时候都能够充满自信地作出合理的选择。玛莎回忆到，有一次学校正在进行一次合同商讨会议，当时她也在会议中，但是会议始终都没法得出一个合理的结论。最后，玛莎对合同中的内容提出了自己的疑问和她觉得有问题的地方，通过短暂思考和对比，玛丽校长最后听取了她的建议。

在工作中，玛丽校长特别鼓励“集体参与式”的工作模式。她强调团队精神，希望每个人都能表达自己的意见，并在工作中找到自己的成就感。在玛莎的眼里，校长是一位充满活力、富有个性的领导者，她能够快速有效地完成学校事务。玛莎说，“她充满活力的个性中，有一点让我印象非常深刻：教授对法律非常感兴趣，她在法律事务中总能有一些出人意料的想法，而且即便是你在给她解释一些法律条款时，她也能迅速地领会，所以我们也称呼校长为学校的‘法律援助’。”

我在布茨特玛大学进行访谈的时候，许多同事是这样评价玛丽校长的：一方面觉得她非常亲切，如同朋友和亲人；另一方面又觉得她特别敬业和严谨，总带有一定的威严，令人尊敬，而校长的个人成就和她的乐达、睿智，也让他们甚为钦佩。在玛丽校长看来，领导一所大学，一方面，她要有校长的权威，带领这所学校发展；但另一方面，职位权力并不是领导力的全部，也就是说，即使校长这样身居要职的人物，也要通过协调关系，通过鼓励、信任及放权，与同事们建立起深厚的情感联系，让每个人都能实现自身的价值。同时，教职员工和她又有着共同的价值认同和追求，如对“性别主流化”的认同，对“教育是提升乌干达经济发展的重要路径”的追求等。

善舞、领舞、共舞

2010年第一次访问布茨特玛大学的时候，玛丽校长特别热情地举行了家庭晚宴款待我们。那时玛丽校长的家还在托罗罗，我们一行乘车来到校长家的时候，大门口站着荷枪实弹的保卫，这让我们不免有些吃惊于这里的治安；而校长家，也是我没有想到的。那是一座在国内被称作“别墅”的房子，独门独院，房屋是平房，庭院可真的不小，有半个足球场那么大，几棵高大的椰子树，耸立在院子深处的角落里，在月色下，优雅地随风摇曳……

玛丽校长和她的先生热情地把我们迎进庭院，两个人都身着那种很舒适的棉麻质地的本土服装。褪去日常工作时常穿的西式职业装，一袭非洲裙装的玛丽校长，增添了不少闲适与温婉，俨然是宴会上名副其实的女主人；律师出身的校长先生纳森，穿了一件宽松的本白色套衫，甚是儒雅，笑容可掬。两位主人温文尔雅而又不失亲切地引介我们认识应邀出席晚宴的学校的一些院系主任、高层管理人员，在轻松愉快的气氛中，大家很快就聊了起来……

晚宴是自助餐，设在校长家的庭院里，是那种西式聚会的就餐风格。席间，校长特意招呼我们品尝当地食材做成的饭菜。她饶有兴致地向我们推荐香蕉饭，等我们吃下，问我们的口感，是不是觉得有点像土豆泥，但口感偏酸。她介绍说，在乌干达，香蕉的种类很多，有一种香蕉不甜，人们会剥皮捣成泥状蒸熟，作为主食的一种。尤其在没有引进大米之前，香蕉可是家常便饭。校长继续介绍道：有时人们会在香蕉蒸熟后拌上红豆汁、花生酱、红烧鸡块、咖喱牛肉等作为正餐食用，这种香蕉饭叫作“马托基”，已经成为了乌干达国宴的主菜。

用过餐，庭院里的音乐不知什么时候响起来了，鼓点鲜明而富有活力，浓郁的非洲特色也随着乐曲节奏流溢出来。参加聚会的非洲朋友们纷纷起舞，气氛一下子就轻松活跃起来，校长也参加进来，我们于是也模仿着他们的舞步跳起来……非洲人可是天生的舞者，他们在跳舞中所表现出来的那种令人难以察觉的内在的矜持与天然的放松，着实对我们中国人来说，很难拿捏。

这是我第一次看到校长跳舞，她一反工作中认真严谨甚至有些威严的风格，跳得特别放松，自然地摇摆和转动着身体，动作中充满了一种浑然天成的自信和自在，自得其乐，乐在其中……舞蹈中的玛丽校长，别有一种魅力。

第二次看校长跳舞，是在厦门举办的第五届世界大学女校长论坛的校长文娱才华交流环节，当其他校长表演了歌曲或诗歌朗诵后，身着黄色民族长袍的玛丽校长走上台，让调音台播放起她准备的乐曲，并在舞台中央毫无拘束地跳起非洲风格的舞蹈来，她边跳边邀请台下的其他女校长上台与她一起共舞，富有节奏感的音乐及玛丽校长自如而舒适的舞姿，让在座的很多女校长都情不自禁地纷纷来到台上参与到舞蹈中来，于是全场上下开始兴奋和沸腾起来……

音乐无国界，舞蹈有语言。玛丽校长的这个表演设计，让在座的嘉宾感到意外的同时也深感她的用心，她不是在展现自我，而是在搭建一个平台，营造一种氛围，是让在场的每个人都从非洲舞蹈中分享并体验到快乐。

舞蹈中的玛丽校长瞬间传递出女王般的定力和魅力，在场的人纷纷鼓掌叫好，周边的几个同事知道我负责写玛丽校长的传记，她们都颇有些嫉妒地对我说，“她太棒了！太棒了！”

十、侧记

时隔3年，我只身一人来到布茨特玛大学，再次见到玛丽校长，内心充满了一种他乡遇故知的幸福感。她依然是那么忙碌，但也依旧是精神抖擞的样子，精力好像丝毫没有随年龄的增长而衰减似的。我和她见面不久，她就抱歉地告诉我，她只能在坎帕拉有时间接受我的访谈，因为她马上要去莫斯科开会，出发前要把各项工作安排好才行，实在是挤不出哪怕2个小时的时间和我踏实地聊聊，这样，我们约定对她的访谈安排在坎帕拉。她会在飞往莫斯科前一天先在坎帕拉住下，当天下午我们见面，第二天早上她还要去教育部接洽处理公务，之后再动身去恩德培国际机场飞往莫斯科。

这些年来，虽然学校设有副校长的岗，但教育部始终没有选聘上合适的人选，于是，她就一直一个人主持全校的工作，忙碌和担当可想而知。令人欣慰的是，她的执著和努力得到了社会的认同。作为乌干达第一位公立大学女校长，2013年五一劳动节，她获得了总统亲自颁发的“国家独立50年奖章”，这是她为国家高等教育事业发展所做努力的印证。

我在校园的采访进展得很顺利。其中约谈的一个学生后勤事务长和玛丽校长的年龄相仿，后来得知她们在中学和大学都是校友，也同在马凯雷雷大学工作过。虽然她们的专业不同，大学期间和工作后的交集也不是很多，但两个女人多年的相知与默契，让她从马凯雷雷大学退休后来到这里帮助玛丽校长管理校园事务。她说在这里工作她很开心，玛丽校长对她特别信任。从年轻时候到现在，她一直见证着玛丽校长强大的内驱力及日臻完善的领导力，玛丽不愧是她们那一代女性的佼佼者。

令我感到欣慰的是，在校园采访期间，尽管玛丽校长很忙，但她还是挤出时间，像上次一样，热情地邀请我在午饭时间去她在布茨特玛校区的新家做客。为了提高学校管理效率并营建师生共住的校园生活，在过去的三年里，学校在主校区建成了一些教工宿舍，校长的家也就从托罗罗搬到了校园里。教工宿舍区是几排砖瓦结构的平房，校长家的院子还是很大，栽种了不少蔬菜。我很荣幸地再次见到校长的丈夫纳森，并对他进行了访谈。言语中，我深感一个丈夫对妻子的关心与自豪。纳森也很坦诚地向我谈起他们的大学生活，从恋爱到结婚到抚养子女及照顾双方家庭，两个人一路扶持，相濡以沫；当然，他也提到为了照顾玛丽在古卢大学和布茨特玛大学的工作转换，自己在事业上不得不有所妥协。这让我不禁感叹，如果说一个成功的男人背后有一个伟大的女人，反之亦然，一个卓越的女人背后，一定也有一个理解并支持她的男人。

在采访之余，我也留意观察托罗罗、坎帕拉及路途中路过的村庄，打量周围的人、事、物。我发现，自己最初对乌干达印象中的几个关键词，如贫困、落后、危险等，已成为一种单向度的刻板认知。几天的所见所闻，让我看到了一个非洲落后国家在摆脱贫困、寻求发展过程中的变化。在从托罗罗到坎帕拉的路上，有很多房屋建筑正在施工中，路过的村镇集市异常热闹，沿途房屋临街的墙壁上是各种色彩靓丽的手机电视广告；就连路上向来往车辆司机及旅客兜售烤香蕉和日用品的小贩们，也穿着统一的工作马甲，显然，这里已建立起了一定的市场行为规范；在坎帕拉的主要街头，防御艾滋病的公益广告特别醒目；村镇及城市里，有不少小伙子骑着摩托车以给行人拉脚来赚钱，这种生意在当地被叫作“波达、波达”，要知道，摩托出租车已成为这个城市的交通标志，这种两个轮子的出租车可以带乘客去任何普通出租车去不了的地方，感觉上存有风险，但是真的便捷、便宜。

5月的坎帕拉，秋高气爽，雨后的空气异常清新。终于，在我入住的宾馆玛丽校长如约而至。接到她的电话，我匆匆下楼到宾馆大堂去迎她，我们找个角落坐下，她看上去有些疲惫，显然，这些天事务缠身，没有休息好。在她出差前，还要让她接受我的采访，我的内心有些不忍。采访前，她让我和她稍等一下女儿一家，她约了在坎帕拉定居的做医生的二女儿和两个外孙来宾馆和她简单见个面，他们也好久没见了。不多久，她的女儿开车到了，在宾馆的大门口停下，当两个四五岁大的孩子从车里跳出来跑向玛丽的时候，我第一次看到她脸上刹那间绽放出的那种无比的开心和满足，再天然不过的笑容定格在玛丽一下子拥抱到两个孩子的那个瞬间……

我如愿地完成了对玛丽校长的这次采访。

她匆匆离开宾馆，又开始了下一段的行程……

中　编

○津巴布韦高等教育与女性发展及女性领导力培养

○津巴布韦非洲女子大学校长何珀·辛西娅·萨德扎

津巴布韦高等教育与女性发展及女性领导力培养

非洲的全称为阿非利加洲，意思是阳光灼热的地方。津巴布韦共和国位于非洲的南部，自然资源丰富，工农业基础良好，但是直到1980年才摆脱殖民统治得以独立建国。

在过去的上百年，和其他非洲国家女性一样，津巴布韦女性一辈子只经营一项事业：结婚–生子–照顾家庭。斗转星移，新时代曙光照耀下，世界其他角落的女性早已纷纷起身试图摆脱千百年来钳制的枷锁，追求和男人们一样的权利和地位。津巴布韦热情开朗的女人们也蠢蠢欲动，期望通过自己的努力改变命运。然而，没受过高等教育的现状将她们拦在梦想之外，她们无法像男人们一样进入管理层，无法像男人们一样做出一番大事业，因为她们没有受过教育，没有学历。

为了改变女性的这一现状，也为了使更多的女性有机会接受高等教育，津巴布韦教育界等进行了多年的努力。期间，在2002年成立了非洲女子大学（The Women' s University in Africa，WUA），这是迄今为止非洲大陆上第一所面向成人妇女的私立大学。因为没有学历而无法改变命运开启事业的成年女性终于有了一次重生的机会！

希望，传播在津巴布韦广袤的土地上。

阳光，洒进了津巴布韦渴望改变命运的女性心间。

一、津巴布韦的历史与社会发展

当清晨第一缕阳光洒落在非洲大陆上，雄狮嘶吼，百鸟争鸣，丛林仿佛一瞬间醒来。每当将非洲大陆的图片一页页翻过，纪录片一帧帧看过，我们仿佛置身于那片绿洲之中，忽闻翠鸣，鹳鸟啼叫，叫人每见一幕都深醉心弦，每闻一声都如沐春风。

津巴布韦，这块位于非洲南部面积390多平方公里的土地，也在和煦的阳光下展现出属于自己的勃勃生机。“津巴布韦”原为肖纳语（属班图语系），有学者将其解意为“酋长住宅”，也有解意为“酋长之墓”，还有学者解意为“石尾”或“石头城”。

历经千年的石城文化

无论它的释意是什么，总逃不开和石头的关系。

古代石头城分布在今津巴布韦（罗得西亚）地区和莫桑比克的西部，其中最大的一座位于维多利亚堡的东南，正是著名的大津巴

美丽的津巴布韦：巨石嶙峋，蓝天白云

布韦遗址。[1]公元13-15世纪，大津巴布韦曾是南部非洲古王国的都城，为一个大面积的石头复合体，其间有完整的防御工程、塔状建筑和科学的排水系统，占地达一万多亩，由近百万块花岗石砌造而成。遗迹内的建筑复杂曲折，气势庄严，历经六个世纪依然屹立如故，足见古津巴布韦人民在垒砌技术上所达到的极高水平，他们很可能在那个时候已经掌握了建筑学和几何学，并能运用滑车、吊架及其他起重技术。

大津巴布韦遗址

从其他发掘文物来看，大津巴布韦遗址曾经是一座非常繁荣的城市，农业、冶炼业、对外贸易都相当发达，而且一度与中国、阿拉伯、波斯等许多国家有着经济、文化的交往。[2]

① 彭非：《古代的津巴布韦是不是个国家的名称？它和今天正在进行武装斗争的津巴布韦有什么关系？》，《历史教学》1979年第11期。

② 王青青：《津巴布韦：大津巴布韦遗址》，《建筑知识》2006 年第6期。

“黄金”王朝的起伏跌宕

津巴布韦地处非洲南部赞比西河与林波波河之间（亦称河间地区）。居住在津巴布韦境内的，主要是绍纳人和恩德贝莱人。津巴布韦所处的位置正是《圣经》中所罗门黄金的产地，因而它也被人称作“黄金国”。

15世纪初，绍纳人在北部丹代河地区创建了姆瓦纳莫塔帕王国。在姆瓦纳莫塔帕王国的极盛时期，版图曾一度延伸至印度洋。王国的采矿业颇为发达，这里很早就有纺织业，当时的姆瓦纳莫塔帕王国国力十分强大，葡萄牙殖民者也不得不对它纳贡。①马塔贝莱兰地区住着恩德贝莱人，他们有着严密的军事组织，国家按军事体制组成，他们经常对邻族征讨，掠夺牲畜并将战俘变为奴隶。恩德贝莱人对农业实行轮作制，以家庭为生产单位，狩猎是重要的生产部门，牲畜在社会经济中占有重要位置，对外贸易相当发达。

16世纪葡萄牙入侵东非后，西欧就流传着姆瓦纳莫塔帕是“黄金国”的说法。到19世纪末，探险家们的探险活动证实了黄金国确实存在。积极掠夺非洲的西方殖民者们自然不会放弃这样一块“黄金宝地”。1887年初，洛本古拉在致英国驻马绍纳兰专员西德尼·希帕德的信中说：“白人未得允许，就像狼一样前来，修筑新道路通过我的国土。”昔日自足富强的“黄金国”，正面临着从未有过的掠夺和侵略。

不屈不挠的反殖民斗争

恩德贝莱人的抗英战争

塞西尔·罗得斯是英国侵略马塔贝莱兰和马绍纳兰的罪魁祸首。

① 何丽儿：《十九世纪末津巴布韦人民两次抗英斗争》，朱庭光等主编《外国历史大事集》，重庆出版社1986年版。

1888年2月11日，他以欺骗的方式同恩德贝莱国王洛本古拉签订条约，骗取政治控制权，又着手谋求矿山的租让权。接着，英国当局又派出命名为“拓荒队”的武装队伍，由南非公司骑警护送，入侵津巴布韦。此后不久，罗得斯的代理人斯塔尔·詹姆森借口恩德贝莱人逾越马塔贝莱兰同马绍纳兰的“边界线”而寻事挑衅，大规模入侵马塔贝莱兰。

这些侵略军凭借精良的武器，气势汹汹地扑向手持长矛的恩德贝莱战士。虽然恩德贝莱的战士们英勇顽强地予以还击，但因装备落后，在两次大规模的战役中均遭受了重大损失，英军乘胜逼近首都，布位瓦约沦陷。同年底，英政府颁布枢密院敕令，使南非公司对马塔贝莱兰的占领合法化；又以罗得斯的名字,将马塔贝莱兰和马绍纳兰以及赞比西河北部领土命名为“罗得西亚”。恩德贝莱人抗英战争宣告失败。

1896年反英起义

英国南非公司残酷奴役与掠夺恩德贝莱人和绍纳人，他们掠夺土地、牲畜，强迫劳动，使恩德贝莱人和绍纳人生活在水深火热之中。英国传教士卡内奇曾经记述了非洲人的呼声：“我们的国家已经灭亡；我们的牲畜已被掠夺；我们的同胞流离失所；我们无以为生。妻子离弃我们，白人任意调戏她们。我们是白人的奴隶。我们等于非人，没有任何权利或法律。”

1896年初，不堪重负的恩德贝莱人发动起义，很快，绍纳人也揭竿而起，起义军总数达到一万多人，给英国殖民主义者以沉重的打击，但最终因双方实力过度悬殊，最终起义还是失败了。但是1896年的起义对津巴布韦的历史进程影响是深远的，它揭开了津巴布韦人民反帝斗争的光辉序幕。

崭新国家的建立

1980年举行了津巴布韦有史以来的第一次民主选举，在国家政权顺利转移到黑人政府的手上之后，1980年4月18日，津巴布韦共和国正式独立建国。英国王子查尔斯向新当选的津巴布韦总统坎南·巴纳纳牧师呈交了英国女王伊丽莎白二世签署的准许殖民地独立的文献。当绿、黄、黑、红色相间的国旗代替了英国国旗的时候，黑人们庆祝多年来为获得大多数人统治所进行的斗争的结束。[①]津巴布韦的独立被世人赞为非洲南部的新曙光，在这片古老的土地上，一切都变得不一样了！

但任何一个国家在建国初期都会面临巨大的挑战，对津巴布韦来说也是如此。独立后的津巴布韦是一个黑人掌握政权、白人控制经济命脉的国家，以白人农场为主的农业经济是国家外汇收入的主要来源。如果政府对白人农场主的政策失当，津巴布韦经济就会遭到严重破坏；而如果维持原状，广大黑人就不能实现“耕者有其田”。20世纪90年代，为了偿还外债和引进外资，津巴布韦接受了世界银行和国际货币基金组织的“结构调整方案”，推行贸易自由化和鼓励私有化政策，却导致物价急剧上涨，失业人数猛增，加之遭遇连年大旱，国内经济一败再败。不仅如此，津巴布韦还卷入了邻国刚果内战，使得本就严峻的经济形势更不乐观。

严峻的经济形势使得本就存在的土地问题再度尖锐化。政府在1992年修改宪法，确定依法强制性地赎买和征用白人土地，再作为国有土地重新分配。但是，强制性的土地改革遭到了反对派人士和一些

① 来源于百度百科：http://baike.baidu.com/view/22012.htm

白人的坚决反对。为此，政府多次修改宪法，将土地问题归为政治问题，强制征收白人的土地。这一做法引起了西方国家的强烈不满，先后有三四百家公司从津巴布韦撤走。为缓解争端，2001年9月，津巴布韦和英国在尼日利亚签署了旨在解决两国在土地改革计划问题上存在分歧的《阿布贾协议》。但对于这份协议的解释，双方各执一词，结果不仅没有缓解两国关系，反而使得关系更加紧张。同年12月，美国国会通过法案制裁津巴布韦。2002年，国际金融机构和西方国家停止向其提供除粮食救助之外的其他援助。为了应对西方国家的制裁，穆加贝总统提出了"向东看"战略，积极发展同包括中国、印度、伊朗、马来西亚等国在内的东方国家的政治和经贸关系，以减轻对西方的依赖。津巴布韦的土地改革虽然在一定意义上满足了黑人对土地的诉求，但是就农业生产实际状况、恶性通货膨胀以及政治形势的动荡不安来说，津巴布韦的土地改革最终还是失败了。[1]

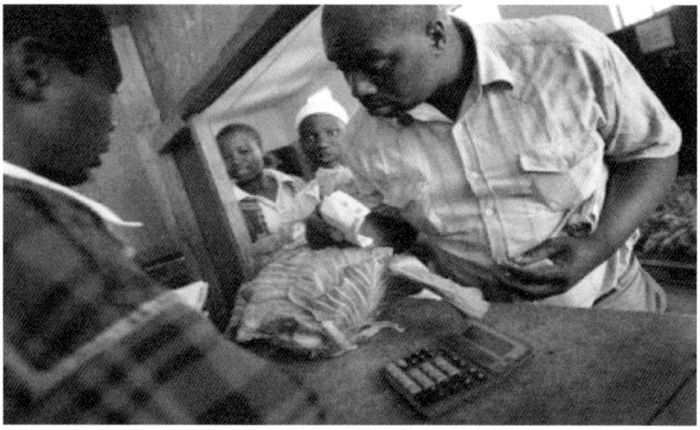

通货膨胀严重的时期，人们需要花300亿津巴布韦货币才能买一棵白菜

① 王兵、常伟、程艳军、徐珍源：《津巴布韦的土地改革》，《世界农业》2010年第4期。

身陷贫困的津巴布韦人民

二、津巴布韦女性发展的挑战与希望

“超越玻璃天花板”是2012年世界大学女校长论坛欧亚分论坛的主题，寓意着女性力量要超越玻璃天花板，崛起。

据统计，津巴布韦的女性平均寿命只能达到34 岁，是世界上女性寿命最低的一个群体。[①]土改失败后的津巴布韦更加贫穷与落后，成为滋生艾滋病的温床，加之缺乏食物和基本医疗，绝望的生活无声地敲响了津巴布韦女性命运的警钟。[②]对于男人来说，如果忍受不了了，至少可以丢弃妻儿跑到边境偷渡到南非，过上一段时间的逍遥日子，然而，妇女们却只能守望在贫瘠的故土上，无望地等待生命流逝。

①② 荩荟编译：《津巴布韦女性命运悲惨》，《报刊荟萃》2007年第4期。

但即便女性的生存条件如此恶劣，即便历史的枷锁重重，即便人们头脑中固有的思维，津巴布韦杰出的女性以及其他热心追求男女平等的团体和个人也想要改变这一切，用双手为津巴布韦女性撑起一片天空。

首先，女性基础教育开始普及。早在津巴布韦建国初期，政府

津巴布韦的学龄儿童

就尽力改善国民的教育环境，提升国民的受教育程度。随着实现多数人统治和教育制度的改革，如今各级学校的性质也发生了根本变化，它们不再是附属于白人殖民主义和种族主义统治的旧学校，而成为服务于独立自主的津巴布韦共和国的新学校。在津巴布韦，渐渐地开始有女性在这些新学校中接受基础教育，并意识到知识可以改变命运。但是，事实上，可以在新学校念书的女性非常少，大多数女性依然没有受教育的宝贵机会。

其次，早受教育或是受过高等教育的女性为姐妹们在积极争取高等教育的机会。随着社会观念的转变、全球产业结构的调整以及女权运动的深化，女性的社会地位和社会价值日益彰显。大多数国家都为女性在职业领域的发展提供了开放的政策和广阔的空间，使女性显现出更多的创造力和性别优势。然而，“玻璃天花板”的存在，阻碍了女性职业生涯的发展和提升，尽管参与职业的女性不断增多，但真正能够晋升到高层的女性依然较少。这些受过高等教

津巴布韦通过教育改变女生命运

育的女性，希望能够完善女性成长机制，打破“玻璃天花板”，为青年女性的培养和成长积极创造条件。[①]如何改变女性领导力发展滞后的现状，探索高等教育女性领导力提升的路径，是她们不懈努力的方向。

接着，津巴布韦政府在赋权女性上也作出了许多努力，并且取得了巨大进步。独立后，政府已经颁布了至少17 项法律来推进性别平等和妇女权利。津巴布韦政府签署并批准了不少国际和地区公约，像《消除对妇女一切歧视形式公约》、《南部非洲发展共同体性别及发展协议》、《非洲人权和人民权利宪章关于女权的协议》以及《全面政治协议》，这些政策帮助津巴布韦创造了一个加强女权和促进女性利益的有利环境。2012年5月，津巴布韦政府发布了“广泛基础上赋予女性经济权的框架”，这个框架力图直接通过公平的拥有权和经营权，或间接地通过技能发展、优先采购、企业发展和社会经济发展，超越不同经济部门的价值链条，推进不同背景下的女性对经济活动的参与和整合。

即便有上述种种措施，津巴布韦女性的现状依然不容乐观：女性在下议院和上议院的代表席位分别只有14% 和33%，低于“联合国千年发展目标”和《南部非洲发展共同体性别及发展协议》提要规定的标准。在当前的议会中，210个国会议员中只有54名女性，1209个市议员中只有38名女性。在政府内阁中，男性也在很大比例上超过了女性。15所大学的校长中，只有2名女性，其中1名还是通过自己创办大学就任校长的。这种不平等的状况出现在津巴布韦的各行各业，即便女性拥有比男性更强的能力，她们也很难进

①② 〔津巴布韦〕乔伊斯·穆朱鲁著，龙小农译：《赋权女性是经济社会持续发展的战略选择——世界大学女校长非洲论坛开幕式致辞》。

入管理阶层，很难获得和男性一样的权利和地位。

“联合国新千年发展目标”主张推进性别平等和赋权女性，这是全世界女性为之奋斗的目标。Facebook首席运营官谢丽尔·桑德伯格在2012年哈佛商学院毕业生典礼上也说，在现在的高层领导中，女性所占比例实在太低，远远达不到男女平等的标准。事业上的男女平等需要几代女性的不懈努力。对津巴布韦来说，要实现男女平等，最迫切的就是要改善女性受教育情况，大力发展女性高等教育事业。

三、津巴布韦高等教育与女性发展

津巴布韦高等教育概况

独立之前，津巴布韦作为英国的殖民地有长达百年的时间，因此，它的教育主要沿袭了英国的教育体制。自正规高等教育引入津巴布韦后，南罗德尼亚在南罗德尼亚、北罗德尼亚（现为赞比亚）和尼亚萨兰（现为马拉维）组成的联邦政府的支持下，建立了罗德尼亚和尼亚萨兰学院。联邦破裂后，此学院更名为罗德尼亚学院，并于1970年更名为罗德尼亚大学。1980年，罗德尼亚独立，更名为津巴布韦，大学也随之更名为津巴布韦大学，它是当时津巴布韦唯一的一所大学。[①]

作为全国唯一的一所大学，津巴布韦大学有了新的使命——成为发展的大学。殖民下的大学被认为只是为了自身目的而追求知识的象牙塔，发展的大学则应该把目光更多地放在国家上，帮助培养替国家解决问题的人才。面对人们对高等教育的巨大需求，新政

① 刘彩娟：《津巴布韦高等教育质量保障研究》，浙江师范大学硕士学位论文。

府推进扩张教育政策，津巴布韦大学通过增加入学人数、增设新专业和院系来满足新国家的社会经济需求，最终导致大学大规模扩张。在这样的情况下，一所大学已经很难满足众多学生的需求，越来越多的高校试着建立起来，也有不少中学升级成为大学。津巴布韦整个高等教育体系也逐渐建立起来。

津巴布韦大学毕业典礼上的女毕业生[①]

2001年到2004年，津巴布韦进行了一系列高等教育的改革，改革使津巴布韦高等教育和第三级教育的重点从过去重视入学人数的扩张转变为要努力提高教育和培训质量，以期培养人才来适应全球化竞争的需要。[②]近两年来，津巴布韦的经济得到了好转，政府也更加重视高等教育的投入和支出，追求保证高等教育的质量，培养优秀人才。

高等教育中的女性发展篇章

虽然政府积极推进男女平等，对女性普及了初等教育，但是在津巴布韦，能完整接受高等教育的女性非常少。对于许多家庭来说，他们并不愿意让家中的女儿接受教育，究其原因，除了要支出和男孩一样的学费、交通费、校服费以及其他学习所需的材料费外，

① 图片来源：http://mg.co.za/article/2013-10-31-graduates-join-the-jobless-heap

② 刘彩娟：《津巴布韦高等教育质量保障研究》，浙江师范大学硕士学位论文。

还会减少家庭的一个主要劳动力、母亲的得力助手，这样的教育成本对于贫困的家庭来说，实在有些过于奢侈。未婚女性面临的问题尚且如此，对于已婚女性来说，受高等教育就更不可能了。受传统世俗观念的影响，非洲女性对自我的生育多缺乏规划和自主性，她们过多、过早地生儿育女，失去了进一步受教育和发展的机会。

除此之外，女性在接受高等教育的过程中还面临着许多阻碍，比如课程设置方面，虽然她们可以和男性一样进入学校，但学校在给女性安排课程时总会有许多家庭方面的课程，比如烹饪，这样就占用了太多接受其他知识的时间，使女性无法获得和男性一样的教学成果。再比如，女性还有可能在就学过程中面临性骚扰等安全问题，毕竟学校的地址都比较远，女性自身安全成为一个大问题。

客观地说，独立后的非洲在女子教育的发展上取得了很大的进步，但由于文化、经济、民族、地理位置等诸多因素的综合影响，特别是社会环境下人们思维的限制，非洲女性教育的发展水平仍存在差异，尤以撒哈拉以南非洲地区的教育水平滞后现象更为突出。正因为女性没有接受过高等教育，因此她们无法获得和男性一样的工作机会，更无法进入到管理阶层。一张学历认证，将她们阻挡在梦想之外。

非洲女子大学的建立与发展

为了使更多的非洲女性有机会接受高等教育，在津巴布韦教育基金会和社会知名人士的共同资助下，于2002年在津巴布韦马龙德拉成立了非洲女子大学（The Women's University in Africa, WUA），这是迄今为止非洲大陆上第一所面向成人妇女的私立大学，也是继苏丹阿法海德女子大学（Afhad University for Women）后，非洲的第二所女子院校。非洲女子大学办学的最大特色是针对已婚妇女进行教育与相关培训，重点针对年龄25–55岁，且长期得不到良好教育的成年女性。因为没有学历而无法改变命运、开启事业的女性，终于有了一次重生的机会。

该校的两位最重要的创始人——萨德扎教授与钟博士——创办学校的初衷是想让成年学生获得最基本的学历资格认证及足够的工作经验，以适应社会发展的需要，并提高妇女在非洲的社会地位，以获得社会认可。有太多姐妹因为没有学历而在事业上屡屡碰壁，她们想要改变这一现状。萨德扎教授在接受中国中央电视台非洲频采访时亲切地称自己的学校为“第二次机会大学”。她们在办学设想、任务、核心价值以及目标四方面，都紧紧围绕这一初衷展开。该校致力于通过提供国家先进的技术，提供涵盖社会、教育、人权、政治等多层次的课程内容，加强学生在性别敏感性、学术自

津巴布韦的女生俱乐部[1]

① 图片来源：http://www.actionaid.org/ghana/2013/09/girls-clubs-promoting-girls-education

由、正义感、社会责任感和透明性等方面的教育培训，在全校师生的共同努力以及社会各界的帮助下，立志成为非洲最好的大学。

在学科建设方面，非洲女子大学开设了农业学、经济管理与信息技术以及社会科学和性别发展研究等专业。农业学专业开设了一系列专门的实用型项目来满足津巴布韦的农业发展需求；经济管理与信息技术专业旨在为促进国家经济发展提供人才储备；社会科学和性别发展研究专业为毕业生提供满足社会和跨国组织实际需要服务方面的高等学位。此外，学校还集中精力开办各类职业培训，如艾滋病防治技术培训班等，培养了大量技术和管理人才，为津巴布韦女青年的就业作出了巨大贡献。该校从最初只有145名学生报名入学，到2014年2月学生数量超过3200名，学校预计在2015年将招收4500名学生。

2012年，非洲女子大学在首都哈拉雷承办世界大学女校长论坛非洲分论坛时，女校长们身着非洲风格服饰合影

在教学运行与管理方面，学校在白天和非工作时间段都提供每期4–6周的面授课程，一般一学年被分为两个学期，每个学期由两期课程组成。学校要求学生参加所有的讲座，并在规定的时间内提交作业。综合所有学科的创办宗旨与学校实际运行的情况来看，

非洲女子大学致力于提供与促进涵盖农业、信息技术、生殖健康、科学技术、领导管理、艺术设计以及其他任何与女性发展相关领域的重点研究；同时，在重要领域，为非洲妇女提供参与学术研究和发展的机会，并利用妇女的创新能力，鼓励跨学科合作的教育，提高或加强女性进入决策层的可能性以及对知识的追求，最终培养出具有关怀心和责任感的妇女，为促进和平、人权以及民主作贡献。

但学校目前仍面临着教师资源流失与教学器材匮乏的双重困境。即使现状与未来仍不容乐观，非洲女子大学毕竟冲破了重重阻碍和困难，勇敢地迈出了第一步。非洲女子大学的存在不仅仅是为女性提供受教育和培训的机会，更重要的是对女性权利的维护和宣扬，让整个非洲社会认识到男女教育平等的重要性，从而促进其他领域的性别平等；同时，为女性走出家庭、在主流社会中担当更为重要的社会角色提供可能，也为后代子女的教育创造更好的家庭环境。

津巴布韦女性领导力的崛起

女性高等教育的发展归根到底是要追求男女平等，追求男性主导社会中女性领导力的不断崛起，最终实现真正的性别平等。在津巴布韦，WOZA是见证这一力量崛起的组织之一。WOZA是恩德贝勒语，意思是“挺身而出”。它成立于2003年，自成立后该组织积极推动各种妇女公民行动，为女性在生活中、在各行各业中遇到的问题提供帮助，鼓励妇女团结起来一起改变当前的困境，一起为自己的权利和自由而奋斗。

除此之外，以WOZA为代表的妇女组织还积极参与到国家政治生活中。2006年一整年，WOZA都致力于将社会公平写进宪法，她们在全国范围内开展活动，一共举行了284次会议，共计有1万余人参加诉说建立新津巴布韦的愿望。最终，她们的想法被写入了津巴布韦宪法宪章。

2012年，津巴布韦副总统乔伊斯·穆朱鲁在非洲女子大学主办的“世界大学女校长论坛非洲分论坛”开幕式上作了《赋权女性是经济社会持续发展的战略选择》的发言，再一次强调女性在经济社会发展过程中的重要地位，呼吁给予女性更多的权利，让她们更好地展现自己的才能。

非洲女子大学校长何珀·辛西娅·萨德扎教授曾多次强调，津巴布韦的明天需要女性的参与，要改变现在的局面，只能靠教育。帮助女性通过接受教育改变命运，从而不断提高津巴布韦女性的领导力。

2011年，津巴布韦副总统乔伊斯女士与时任中国国务院副总理王岐山会面

何珀·辛西娅·萨德扎教授，公共管理学博士，
津巴布韦非洲女子大学校长

曾留学美国，获密苏里大学公共管理专业学士及硕士学位，后获得津巴布韦大学公共管理学博士学位。先后任职于津巴布韦人力规划与发展部、公共管理服务部专员（部长级）、公共服务审查委员会专员等。2002年创建非洲女子大学并担任这一私立大学校长。2009年至2010年获富布莱特奖赴美研修；荣登2014世界“女性传统协会名人堂”名册。

Prof C. Hope Sadza is the Founder and Founding Vice Chancellor of the Women's University in Africa.She holds a PhD in Public administration with the University of Zimbabwe. She also holds a Masters degree in Public Administration with the University of Missouri, Columbia and Public Administration with the same university. She is one of the founding Directors of the Zimbabwe Institute of Public Administration & Management (ZIPAM).In 1987 to 1989 she was Commissioner of the Public Service Review Commission, Government of Zimbabwe. In 1988 to 1990 she was Zimbabwe Parastatals Commissioner. In 1990 to 2000 she was Public Service Commissioner in Zimbabwe. She was inducted into the Women's Heritage Society Hall of Fame in 2014.

津巴布韦非洲女子大学校长何珀·辛西娅·萨德扎

为改变津巴布韦及非洲女性在受教育机会、就业选择、个人发展等诸多方面存在的明显差距，何珀·辛西娅·萨德扎毅然绝然地从工作了10年（1990–2000）的津巴布韦公共服务专员的要职上提前退休，克服重重困难，于2002年创建了非洲女子大学并担任这一私立大学的校长。

何珀·辛西娅·萨德扎校长曾留学美国，获密苏里大学公共管理专业学士及硕士学位，回国后边工作边深造，获津巴布韦大学公共管理博士学位。她因教育终身受益，因自我奋发而在事业上获得成功。出生时，母亲给她起名叫“Hope”，她也正是通过创办与发展非洲女子大学，让成年女性通过教育而充满生活的“希望”。她为女性教育与发展所付出的努力，让她满载盛誉。

WOMEN'S UNIVERSITY IN AFRICA

Addressing Gender Disparity and Fostering Equity in University Education

非洲女子大学校徽与校训

非洲女子大学（Women's University in Africa）创建于2002年，位于津巴布韦首都哈拉雷，是何珀·辛西娅·萨德扎校长创建的一所私立性质的女子大学。

作为非洲大陆第一所主要以成年女性为教育对象的大学，学校以缩短性别差距和促进高等教育机会平等为己任，旨在通过教育向妇女赋权，提高她们的社会、政治及经济地位。教学注重培养技术与管理人才，专业涵盖农业、信息技术、生殖健康、科学技术、领导管理、艺术设计以及其他与女性发展相关领域的研究，注重培养学生的性别意识及女性领导力。

毕业典礼

经过十多年的发展，目前学校学在校生规模已经超过3000人。非洲女子大学的发展不仅提高了津巴布韦本国女性接受高等教育的机会，也为非洲妇女发展作出了重要的贡献。

一、填平教育沟壑

你不能改变过去，但你可以改变未来！

——一个非洲妇女组织出版的年历上所印的警句

提前退休办大学

墙上的钟正好指向下午六点整，何珀重新检查一遍今天该完成的所有事项，确保无误后，迅速地收拾好桌上的东西，起身和同事们笑着道别。她必须尽快赶回家中，和家人一起吃晚饭；她得听听亲爱的孩子们今天在学校里都发生了什么事，问问他们是不是过得很好，并把自己的一天分享给他们。最重要的是，她要像全天下的妈妈一样亲吻孩子们的额头，同他们说“晚安”，这是她同孩子们心照不宣的约定，也是她在心里许给他们的承诺。

再有八个月，她就可以从津巴布韦公共服务专员（Public Service Commissioner）的位置上退休，那时她已年近60。这些年，她似乎从未停歇过脚步，她就像精力充沛的年轻人一样，一件事一件事妥善处理完毕，自觉地履行分内的职责，尽好国家服务专员该尽的义务…… 但是现在，她决定必须马上停下脚步，她已经等不了八个月后的正式退休，她必须马上去做一件更重要的事。

这件重要的事情，在她的内心已经酝酿了三年。白驹而过的时间，一次又一次地催促着她。其实，早在1999年11月，津巴布韦举办

“释放力量的权力女性”（Women in Power-Releasing People’s Strength）会议的时候，何珀就萌发了一种让她按捺不住的想法，这种想法又演变为一种冲动，在她内心，越发鲜明。建立一所面向女性的大学，这就是令她激动不已的新想法。而英国议会的“2010地平线”系列工程（the British Council “Horizon 2010” series），让她觉得这个想法似乎不是那么不可行。

三年来，她和她的老朋友、多年来一直活跃在津巴布韦政治舞台上的另一位杰出女性——前津巴布韦教育与文化部部长朱慧琼（Fay King Chung）女士，也曾多次讨论过这件事，可以说，在建立女子大学的意愿上，她们两个不谋而合，一拍即合。经过私下反复斟酌和交换意见，她们决定付诸行动。而何珀在内心暗暗告诉自己，她的人生将在60岁时再度启航。

很快，何珀向津巴布韦公共服务部递交了辞呈，她从繁琐的公共事务中脱身出来。她，提前退休了。这边退休，那边上岗。她并没有真的退休，只是给自己安排了新的岗位，开始了崭新的事业——为那些因各种原因没能够接受高等教育的非洲成年女性办一所能替她们圆梦的大学，让更多的非洲姐妹们通过受教育在生活和职业中获得新的机会和人生动力。

这所学校的名字，她早就想好了，就叫——非洲女子大学（Women’s University in Africa）。

母亲给她起名叫“Hope”

何珀的全名是“Hope Sadza Cynthia”，家人和朋友都叫她“Hope”。在津巴布韦，给孩子起名字有一种特别的风俗，妈妈往往会用自己生孩子时的心理感受来命名孩子，例如，会给孩子起名叫“Happiness”（代表“幸福”）、“Tenderness”（代表“温柔”），甚至是“Witness”（代表“经历”）。何珀刚出生的时候只有2磅多点，医生告诉她妈妈，这孩子实在是太小了，怕是难活下来，不要抱太大的希望。听了医生的话，她妈妈很是担心，弱小生命就在眼前，怎么让她活下来？于是给她取了“Hope”（代表“希望”）这样一个名字，希望怀中的婴儿可以活下来并健康长大。“Hope”并不是一个传统的非洲女孩子的名字，但这个名字的意义却一目了然——“希望”。有希望，就有生命和未来！

妈妈的希望没有落空，出人意料，几个月后，何珀长得很健康，她不仅活了下来，还越来越壮实。亲戚和朋友们都不敢相信，当时那个2磅多的小婴儿，后来能长得那么健康、结实。妈妈甚至开玩笑说，这个女孩子生来还是很强壮的，母亲也不必要为她担忧，她根本不需要这样的名字来承载母亲的期待。的确如此，何珀总是有一种无穷的内驱力，让她一路乐观向上，成为一名不同凡响的女强人。

这些年来，她远赴美国密苏里大学留学，在哥伦比亚大学完成学业，以优异的成绩拿到硕士学位，结识了来自世界各地的同学和朋友，她们一起分享学习心得，一起探索未知的世界，分享心中的梦想，一起努力成为自已想成为的那个人。

学成归国后，何珀在津巴布韦的政府机构工作，一边工作一边攻读津巴布韦大学公共行政专业的博士课程，并如愿获得了博士学位。之后，她顺利地成为津巴布韦的一名公共服务专员。要知道，公共服务专员在津巴布韦可是一份等同于国家政府内部委部长的等级。在家人看来，在旁人眼里，一个女性能够有这样的成就，真的是了不起！

3岁时的何珀和妈妈、哥哥、弟弟在一起

工作不是没有挑战，但何珀从来都是勤勤恳恳的。她从心底里看重这份职责，也从工作中获得了事业的满足和人生的成就感。按日子算，原本再过八个月，她就可以像其他人一样把工作交接完毕，顺理成章地开始享受退休后的安逸生活。但她内心却无法坦然地接受这份安逸，她无法接受即将到来的这种平静的生活方式，至少现在，她还不能接受，日子不能就这样过下去。她无法说服自己停下来，她有更重要的事去做，她一定要完成那个心愿，哪怕她知道那会有风险，也会更劳累。她不再是那个弱小的没有希望的生命，她已成为了一个精力充沛、信心满满、人生字典里没有“怕”字的“Hope”。希望是她，她就是希望！

给姐妹们争取继续教育的何珀

20世纪90年代初，何珀曾任津巴布韦大学委员会的副主席，这个职位让她能以管理者的身份参与高等教育机构的决策，看见太多津巴布韦高等教育面临的问题，她深感推广教育的重要性，也真真切切地认识到，津巴布韦女性在接受高等教育中的不平等现状。

像其他非洲国家的高等教育一样，很长一段时间，津巴布韦的大学主要以男生为主体，女生数量仅占学生总数的三分之一。而同样上了大学的女生，在专业选取上也多倾向于艺术及人文类，很少有机会和男生一样读理工。从20世纪80年代津巴布韦争取独立以来，女性受教育的程度已经有了一定的提高，虽然通过一系列女性基础教育运动的推动，不少女性都接受了教育，但大多数妇女的受教育水平仍然不高。尤其是在国家争取独立斗争前后一段时间内的年轻女性，错过了接受教育的机会，更不要说接受正规高等教育。

教育改变人生，知识就是力量。对于何珀来说，她对此有着切身的感受，如果没有步入高等学府，她的人生现在会在哪里？大概和无数姐妹一样，终日锁身于家务及日常劳作中，看不见外面广阔的天地，更没有获得社会攀升和个人进步的阶梯。何珀深知，教育对人、对女性自身发展的意义。她在工作中注意到，虽然在政府及公司企业中工作的女性数量不少，但多数女性对自我的职业发展期待并不高，她们往往满足于一般服务型的工作，对成为具有更高决策权力的领导者缺乏信心和职业规划。

何珀在自己年轻的时候，也面临过同样的问题，她对自我的职业期待和个人发展也很朦胧、迷惑。这一方面源于社会文化传统，在津巴布韦，女性向来都是配角，习惯于顺从和接受，她们很少会抱怨；另一方面，虽然一些女性通过打拼，在职场中获得了一定的职位，但因为她们没有高等教育文凭，从而限制了她们继续升迁和发展的机会。面临难得的机会，那些优秀的姐妹仅仅因为没有高等教育的文凭就与机会擦肩而过。在何珀看来，大学文凭不仅仅是一纸文书，它更是女性信心的“发动机”和“助推器”。

非洲长期为贫穷所困，非洲妇女更是贫穷国家中的贫穷人群。非洲很多国家为农业国，而妇女又是农业的主要劳动力。据统计，非洲妇女70%–80%生活在农村，她们中的近90%从事农业生产，在粮食生产中她们的劳动占90%，其中，80%的粮食是由妇女生产和加工的。非洲农村妇女不但是家庭经济的主要支柱，她们还是妻子、是母亲；她们耕种，也做些小生意。她们辛勤地在田间劳动，还要加工和储藏粮食，饲养牲畜，修缮房屋，取水和采集柴火，抚育子女；同时，她们还是手工艺者。曾经做过农村小学教师的何珀知道，落后的经济和教育，没有办法让这些农村妇女接受正规的高等教育，能获得基础教育和初级教育已经够幸运，获得农业生产知识和技术，对改变她们的生活又显得如此迫切而有意义。

在非洲很多国家，尽管法律上规定了男女公民地位平等，但在实际生活中，妇女受歧视的情况仍然很普遍。女性缺乏应有的经济地位、社会地位和政治地位，她们没有资本与男性竞争并赢得尊重。在劳动和工作中，妇女多从事低收入行业的工作，男性则占据收入高的工种。受传统世俗观念的影响，妇女对自我的生育缺乏规划和自主性，过多、过早地生儿育女，也使许多妇女失去了进一步受教育和发展的机会。在不少人的固有思维里，上学读书的机会应给男孩，女孩长大后只要照顾好家里就行了。很多家长也认为，把钱花在女孩的教育上，简直就是浪费。在津巴布韦独立初期，全国只有一所大学，即津巴布韦大学，但是在一段时间里，大学里的女生人数寥寥。

何珀深知，要改变津巴布韦男女不平等的现状，改变女性的弱势地位，推广教育无疑是至关重要的出路；只有为女性提供更多的教育机会，替她们打造良好的教育环境，才能让女性得以自立、自信、自强。她看到周围不少有着聪明资质、也曾具有中学教育背景的女性，往往因为缺少更高层次的教育机会，缺乏必要的大学文凭，缺乏对自我价值更高的期待，只能在文秘、医护、管理等狭窄领域就职，个人青春和才华并没有获得完全的绽放。每当看到和想到这些，何珀心里就对自己说，“做什么来帮助她们改变现状呢？是不是可以办一所女子大学……”

坐在自家房屋的凉台上，望着修剪得当的花园，身后是她与丈夫一同建造的房屋，这是一座并不奢华，但舒适有加的别墅式的建筑。 这些年，她一直在掂量、计划、筹谋，她还有底气和信心，这是一项有着广阔发展前景和社会公益的事业，看准了，想清楚了，剩下的事就是一步一个脚印地往前走。为了办这所大学，她不能如想象中的那样，在退休后，好好地待在家里，反而会继续在家中不断地缺席，这种缺席，不是5年，也许是10年，甚至更久……

二、白手也要起家

我们白手起家，
我们从来没有放弃过希望，
总有一天我们会美梦成真。

——迈克尔·乔丹

色变也要谈钱

何珀是个说做就做的人。既然她已经决定要为姐妹们办一所大学，就不能再耽误时间，越早越好，越早就会有越多的女性因教育而改变她们的生活乃至命运。

建立一所私立大学，摆在面前的第一道难题当然是筹措资金。要建立这样一所女校，首先需要获得政府及社会各界人、财、物的支持。然而，当时的津巴布韦本身就没有摆脱贫穷且又深陷新的经济滑坡之际，想要筹措到第一笔启动资金，谈何容易！更何况还是办一所女子大学，这在津巴布韦是破天荒的，谈起捐款，人们必然是“色变”。

何珀要做的可不是一件小事，而是一件相当大的事。白手起家办大学，对很多人来说，这太冒险。就连一直支持她的丈夫也再三询问：“亲爱的，你真的要这样做吗？真的要做这样一件别人都没做过的事吗？是不是太胆大了？你退休后，马上就可以享受退休后的生活，人总不能一辈子忙碌吧？”

何珀理解丈夫的担心，她比谁都清楚，办一所女校要遇到多少困难。她自己也不知道，在国家整体经济状况很差的背景下，有多少人愿意来上学，有多少人愿意出资相助。万一学校办不成、办不好，姑且不说自己的前期投入会有去无回，打了水漂，办学租用楼舍、师资、设备的投入，会让整个家庭背上沉重的负担，他们这些年努力奋斗而来的生活品质将付之东流。在家里，何珀有时会望着自己的收藏品——从世界各地收集的各种茶壶，其中也不乏朋友送的——陷入深思中……那些茶壶形状各异，产地不同，每个茶壶都有一段她的独特记忆，在某种意义上说，那些茶壶是她这些年一路走来的物证。何珀知道，自己不会莽撞行事，更不会感情用事，就像她虽然喜欢收集茶壶，但她的收藏决不泛滥，她知道自己要什么。

首先，她把目光放在了银行。向银行贷款，取得金融界的支持，是获得启动资金的必由之路。她有着自己多年来积累的个人声誉，以及她创办女子大学的坚定信念。如果不去试试，那就一点希望都没有了！带着这样的信念，何珀走进了一家银行，在一位彬彬有礼又有着超级职业敏感的银行家的办公室里，何珀简要地向银行家合盘托出自己的办学想法："我要办一所大学，是一所面向女性的大学。你知道，津巴布韦有很多成人女性需要接受高等教育，有了学历和大学教育的培养，她们的事业就会是不同的风景。我想你理解这个理念，希望你能和我一起做有意义的投资。"

银行家知道何珀的社会威望，在礼貌地听完了她的贷款陈词，向她表达敬意之后，还是不客气地回绝道："你这所大学如果仅仅是为女性开放，我恐怕不能给你支持，在我看来这根本不可行。"

何珀知道，银行家的回答几乎是对她创办女子大学的全盘否定。但她并未对银行家的不理解表示质疑，她说："我理解你的意思。但你要知道，我是不会离开你的办公室的，除非你答应为学校提供某种形式的赞助。不然就让我一直待在你的办公室，我哪儿也不去。"说完，她把随身携带的包放在一边，摆出一副我就要一直坐在这儿直到你答应的姿态，银行家不敢相信眼前的何珀会这样执著。最后，何珀带着笑意地离开银行家的办公室。虽然没有得到贷款，银行家最后承诺为女子大学提供资金聘请一位讲师来讲授金融与银行方面的课程，并表示这是最大的让步和支持。虽然何珀空手而归，但她还是做到了，为筹集建校资金迈出了重要的第一步。无论多么困难，她也要筹集到开办学校的所有资金！

和政府谈条件

作为为政府服务多年又具有相当于部长级职务的高级官员，何珀知道，自己的信誉是能够获得政府部门认同的，这也是她赢得政府允许其创办大学的敲门砖。当她向政府提交了创办大学的申请后，教育部门的反应在她的意料之中，他们不能接受成立一所女子大学的理念，认为这不符合男女平等接受教育的法律理念。他们反驳道：让女性单独就学，会造成新的性别歧视。既然现有的大学完全对女性开放，为什么还要办一所女校，这不是历史的倒退吗？

几番受挫，何珀没有退缩，反而越挫越勇。终于，她获得了就创办女子大学在议会进行申辩的机会。站在由男性成员为主的议会上，何珀陈述了自己的办学理念并回应议员们的各种提问和质疑。在她看来，推进高等教育是津巴布韦经济发展的重要保障，女性也需要接受高等教育。除了女性自身性别的特殊性外，已有的大学教育是为那些高中毕业直接入学的青年人设置的，在学习模式和课程设置上，不太适合那些已经成家生子或在职业岗位工作的女性，而这一女性群体同样需要接受高等教育，她们需要在学制、专业上有特别的关照。何珀陈述道，津巴布韦高等教育需要给成年女性提供多元的选择，成立一所面向成年女性的高等院校势在必行，这应该成为国家提升国民素质的新路径。

实际上，这是一场关于性别意识的谈判。多年行政管理的经验告诉她，谈判就是相互妥协，前提是你需要赢得你最想要的。何珀明白，如果要获得这场谈判的胜利，她需要作出一定的妥协，于是她接受了政府提出的学校要部分招收男生的条件，比例为学生总数的15%。但是，对于学校的名字，她毫不妥协，一定要冠名“女子大学”。议会通过了她的申辩，创办女子大学获得了法律意义上的认同。而令她欣慰的是，2001年，津巴布韦政府答应免费批给她一块285公顷的农场，这一块被树墙围成一片的希望之地，虽然在首都哈拉雷70公里外的Marondre小镇，但将成为这所大学用于农业生产与市场教学的基地，是女子大学播撒希望种子的自家土壤。

理解万岁

与银行家谈贷款、与政府谈条件，难就难在“理解”二字。何珀知道，创办一所前所未有、闻所未闻的大学，最大的障碍还并不是钱，让社会接受她这个在很多人看来既异想天开又一厢情愿的想法，才是真正的挑战。男性如何接受是一个问题，女性就一定能接受吗？当周围的朋友得知何珀要创办女子大学的时候，都惊奇地问她：“你真的想创办一所大学，还是仅仅是一所护校？”“你知道什么样的人能创办大学吗？”“哦，亲爱的，这太难了！”每当面对这些质疑时，何珀总是坚定地回答：“是的，我们要创建一所大学，而这种大学正是被我们这群人所创建的。”正如她所料，人们不断地向她抛出同样的问题：为成年女性办大学，意义何在？为什么要办女子大学？这会不会带来新的性别歧视？已有的公立和私立大学难道解决不了成年女性的受教育问题吗？面对这些不理解，何珀明白，如果社会接受不了她的办学初衷，她是无法孤身自立的，这所大学也一定会步履维艰。

何珀特别希望能得到更多的理解和支持。但她并不真的只是在开始一个人的战斗，在这一没有硝烟的战场上，她还有另一位坚定的战友，另一个津巴布韦的非凡女性—— 朱慧琼。

朱慧琼与津巴布韦的多数女性有着不同的肤色，她既不是黑人，也不是白人，虽然她有着白皙的肤色，但她是黄种人，她是华人后裔。朱慧琼的祖父母和父母均来自中国广东，她出生并在津巴布韦长大。她对中国的印象只是家里祖辈父辈讲的粤语，她能听懂粤语，但她基本不讲，她讲英语，她是地道的津巴布韦人。

与何珀的经历相仿，朱慧琼在英国利兹大学获得硕士学位，她接受的也是西方精英教育。对于这个曾在英国殖民政策下生活，又为津巴布韦的独立与穆加贝总统一同战斗过的女性来说，她知道，津巴布韦教育面临很多问题。曾经就任津巴布韦教育部部长的朱慧琼一直认为，虽然津巴布韦摆脱了殖民统治，获得了国家与民族的独立，但在国家政治生活及关乎人民生活的许多公共领域，殖民主义势力仍旧强大，并不是说殖民主义遗产一无是处，但至少在教育领域，殖民主义推广的精英式教育对津巴布韦的社会发展可谓危机重重。像其他刚刚摆脱殖民统治、经济发展百废待兴、国民经济以农业为主的非洲国家一样，非洲民族独立运动后的国家教育水平还很落后，而独立后的津巴布韦依旧沿用宗主国英国的教育体制乃至教育内容，这些对一个落后的国家来说并不实用。同时，虽然表面上国家提出教育上男女平等，但教育机会公平问题不只体现在入学机会上，更暗含在教育过程之中，实现了男女同校的大学教育，并不等于真正尊重了女性的特点和诉求。

何珀和朱慧琼曾很多次交流过，对于这个国家的前途，对于这个国家的女性，她们有着共同的担忧：虽然津巴布韦获得国家独立已有20年，但20年前的独立战争，20年间的经济缓慢启动，让许多曾经应该接受但无法获得高等教育的女性失去了自我提升的教育机会。如果无法获得继续教育的机会，那在未来的20年，津巴布韦女性的境况将不会得到改善。的确，在津巴布韦，没有几个女性能像何珀和朱慧琼一样幸运地到国外读书，并通过努力获得博士学位。恰恰因为受益于高等教育，真切知道教育改变命运的力量，何珀和朱慧琼这两个非凡的女性，此次即便孤注一掷，也要一往无前开办女子大学，就是要把她们曾有的幸运和机会带给更多的姐妹。

在朋友圈里，何珀是一位有能力且德高望重的公共服务专员。得知她要提前退休创办女子大学，很多人觉得她太“野心勃勃”了，并不看好她的这次新的打拼。有人甚至预言，这事最后只会很没面子地不了了之。但幸运的是，不少理解她的朋友毫不犹豫地向她伸出了援助之手，并且真心地祝福她。

从五千美元起家

很快，何珀获得了第一笔启动资金——五千美元，来自朱慧琼。

这是朱慧琼的私人捐款，也是她对何珀精神支持外的物质帮助。五千美元，对个人来讲，不是一笔小数目。拿着好朋友的这笔私款，何珀感到的是这位优秀女性的公德心，更感到她对于自己殷切的期盼。

办学资金来之不易，何珀花每一分钱都精打细算。用这笔钱，她首先聘请了一位秘书和她一同筹备办校事宜，包括获得政府部门办校资审、租教室、购置教学设备和图书资料、聘请教师、撰写专业及课程大纲、进行招生宣传，等等，事无巨细，何珀无一不亲自操办。她自己一段时间是没有收入的，聘请的秘书也是按小时付费。如果几天或一段时间没有必要聘请秘书做协助，她便辞掉秘书，自己一个人做事，因为她不用给自己发薪水。

作为国家公共服务专员的她，之前很多具体事宜都是由手下职员来完成的，她只是从整体上给予指导和把关。现在，为了节省办学经费，她把之前自己不干的工作都承担了起来，很多事都亲力亲为。

资金总是捉襟见肘，亟需用钱时，她甚至把自己那辆特别喜欢的丰田轿车卖了。为了建学校，她把自己所有的个人藏书，包括那些她曾经爱不释手的书籍，都搬到学校图书馆来。当然，搬来的还有自家的电脑、书架、桌椅和个人积蓄。这架势，对于一个60岁、已然成功的女人来说，不是背水一战，还是什么呢？

一次天价的早餐会

五千美元是办不了一所大学的。2002年8月，她决定筹备一场大规模的募捐早餐会，争取拿到更多的资助。为了这次募捐活动，她几乎动用了所有的人脉关系，给若干机构和公司发送请帖。即便拿不到赞助的资金，也要获得最大的社会关注。

早餐会的地点选在哈拉雷有名的喜来登五星酒店，这不是说何珀非要讲求品质，而是要尊重每位愿意参加这次活动的嘉宾，他们能来，就是对她最大的支持。

早餐会准备得体面而温馨，她邀请到了当时的许多企业老总。在活动开始的时候，何珀再一次就女子大学创办的理念和决心娓娓道来。或许是企业家们认同这一办学理念，或许是为何珀的视野与决心所震动，他们纷纷慷慨解囊，鼎力相助。这是一次突破性的聚餐，也是一次天价的早餐会。这次活动，何珀整整筹集到了83.7万津巴布韦元的资金！这还不包括其他方面的物质和人力赞助。这次募捐会，何珀所募集的资金和各种承诺赞助共计约59.1万美元（3250万津巴布韦元）。

以这笔资金为基础，之前零敲碎打的努力终于可以整合起来了，为筹集资金伤透脑筋的何珀终于可以少时放松地舒一口气。那些担心受怕的日子，那些忐忑不安的负面情绪，开始慢慢退场，而补台的却是不断提升的社会认同。

当一切条件准备就绪后，何珀深深地吸了一口气。

非洲女子大学就要启航了，这将是继苏丹阿法海德女子大学（Afhad University for Women）后，非洲的第二所女子院校。通过反复调研，女子大学确立首先建立四个学院，分别为社会科学、农业、环境研究及科技四个方向。学校将面向全非洲25岁以上的成年女性敞开大门。

接着，何珀开始拟定广告词招募教师。当她把招聘广告发出去的那一晚，她的内心忐忑不安，这可能是她一生中最令她害怕的夜晚了。她不断地问自己：有人愿意与她一同奋斗吗？这一切真的会成功吗？几天之后，看到众多超乎想象的应聘申请书，她深深地舒了一口气。

之后，145名学生来到校园。2002年秋天，第一个学期开始了！

三、从不随波逐流

再大的石头也无法阻挡种子发芽。

人生就是要不断地努力向前

何珀出生在津巴布韦一个在经济上属于上层社会的家庭，父亲经营着自己的出租车公司，母亲是一名教师。这是一个典型的大家庭，共有六个孩子：四个女孩，两个男孩。何珀的童年过得十分开心，有父母的疼爱、兄弟姐妹的陪伴，家人间其乐融融，一点都不孤单。

这样温馨的氛围养成了她与众不同的独特魅力。早在中学的时候，何珀就是学校里赫赫有名的“大姐头”。她成绩好，热心又讲义气。即便多年过去，她也记得十七八岁的自己为了女生俱乐部的事要求单独和院长“谈谈”的勇气；记得当年，她招呼男生帮忙时指点江山的气魄，以及老师和同学望着她不敢相信的眼神。她总是信心满满、精力充沛的样子，对待一切都无所畏惧，“是的，我好像真的分分秒秒都充满了力量。在我看来，没有什么可以吓唬得了我，我什么都不怕”。

何珀有着幸福的童年。儿时的回忆是温馨的，家人的和睦、父母的敬业都深深地影响了她之后的生活。父亲年轻的时候为一个白人工作，他工作很卖力，后来这个白人给了他一辆车，父亲于是把这辆车用作出租来赚钱谋生。租车生意逐渐发展，他父亲后来拥有5辆出租车，并建立了自己的出租车公司。有父亲出租车生意的保障，生活应该说是殷实的。做教师的母亲对孩子管教得特别严厉，她从不让孩子们乱花钱。父母努力工作的劲头也传递到几个孩子的身上，何珀更是继承了这一点。她总是说，人生的意义就是要不断地努力向前，再努力，而不是中途享受已有的成就。

何珀的父亲

伦敦求学

何珀23岁的时候，家里人说给她一个惊喜，送她到伦敦读书。这是她梦寐以求的，然而，家里人希望她学习护理专业。这让何珀既兴奋又犹豫。到伦敦读书，是她的夙愿，但学习护理，却不是她的理想。她的心思在教育，像母亲一样，做一名教师，而不是护士。

早在动身去伦敦之前，她就已经在津巴布韦接受过初级教育教师的培训，并在哈拉雷当了两年教师。从很早开始，她就一直梦想当教师，做教师是她无法割舍的心愿，是她无法放弃的梦想。她要去伦敦，可她要去伦敦学教育！她绞尽脑汁地想要说服家人，告诉他们，她想像妈妈一样当教师而不是护士。起初，家人很不理解，在何珀一遍又一遍的劝说下，双方折中，何珀选择了学习文秘专业。这样，她踏上去往伦敦的旅程，她的视野也由此跨越出津巴布韦和非洲。

伦敦是世界的中心，何珀在伦敦一待就是四年。回想起四年快乐的英伦时光，她说："那时候伦敦的生活成本不像现在这么高，我可以花很少的钱买到许多漂亮的衣服。伦敦还有数也数不尽的社交生活，那是一个让我眼界大开的地方，我喜欢伦敦。"

最开始，何珀在基尔本综合性工艺学校（Kilburn Polytechnic）学习，获得文秘专业的文凭后，她申请到一份与非洲有关的联合国的工作，担任非洲经济委员会委员长的私人助理。这份工作给了她新的机会，让她可以在更高的台阶上从事和非洲有关的事务，也让她认识了更多高层次的人，视野也就更开阔了。

在伦敦求学时的何珀

白天，何珀是联合国官员的私人助理；晚上，她就成了渴望得到秘书训练人们的知心姐姐，埋头给他们写信，耐心地回答他们的问题。

在全部完成在基尔本的学习后，何珀在位于伦敦上流住宅区的一家银行获得了实习机会，担任这家银行总经理的私人秘书。忙碌的工作给了她充分展示自身才华的好机会。在老板眼中，她年轻有活力，天资聪慧，最重要的是，她有着强大的内驱力，要强且上进。

在何珀以为生活就该如此忙碌又平静的时候，她的上司Calvery先生找到她，语重心长地对她说，“何珀，你应该继续求学，提升自己，你不应该一辈子只当一个秘书。你是有潜质的，一旦你有了学士、硕士学位，会让你未来的职业受益无穷。相信我，我是过来人。”Calvery先生的神情是那样严肃认真，令年轻的何珀很受震撼。夜晚，何珀辗转反侧，他的话就像时钟上的秒表不停地回响在耳旁，又像一缕光束隐约照亮了前方的路。她真的可以去继续求学，获得更高的学历，为自己的人生职业生涯做必需也是更坚实的铺垫吗？她真的可以改变这一切吗？在一番深思熟虑之后，何珀决定接受这个建议，着手开始申请学校。

幸运的是，何珀顺利地申请到美国哥伦比亚密苏里大学攻读学士学位的机会。面对这样来之不易的机会，何珀简直喜出望外。多年之后，回想起自己这段非同寻常的新旅程，何珀依然要感谢家人的支持和资助，要知道，在津巴布韦，资助女孩子读书可不是一件常见的事，更不用说还要资助女孩出国留学。

美国留学的日子

知识就是力量，知识改变命运。1975年，何珀开始在美国哥伦比亚密苏里大学攻读公共管理学本科。这是一所美国著名的大学，同学们来自世界各地，有白人、黑人、黄种人，他们年轻聪慧、充满激情。何珀回忆说："混迹于一群充满才华的年轻人之间，真的很有意思。"

津巴布韦曾经是英国殖民地，英语是官方语言。虽然来自于落后的非洲国家，但在美国的何珀并没有感到语言的压力和文化的冲突。在很多方面，她一点也不比别人弱。在津巴布韦的时候，她接受的是英式教育，她从不觉得自己和其他同学有什么不一样。她和她的同学们一起刻苦学习，一起享受美好的学习生活，感受与津巴布韦和英国不同的人文风情。

在获得学士学位后，何珀继续攻读本专业的硕士学位。她对自己能有机会在美国系统学习管理学感到幸运，她知道自己所学的知识，对一个落后的非洲国家来说意味着什么，她要把自己在美国学习的社会与公共管理的理念和方法应用到自己的国家中去。

在美国求学期间的何珀

在哥伦比亚的时候，何珀有个新闻系的好朋友，她是非裔美国人。有一次她们谈论起非洲，何珀被问到：非洲是不是又贫穷又落后，与世隔绝？“不，非洲不是那样的。它是贫穷，但它充满了希望，广袤而美好。如果你踩在非洲的土地上，你就都知道了。”何珀这样辩解道，内心恨不得立刻带着她去非洲走一趟，让她看到真正的非洲是怎样的。她觉得自己能校正人们对非洲的偏见，那种感觉实在是太美妙了。在和同学的一次郊游中，她被问起自己国家的状况，她突然发现，这里的人对她的国家几乎毫无了解。她向朋友解释，津巴布韦有着自己悠久的历史、文化和传统，有着美丽的地理风貌和努力争取生活的人。这个问题，让她平添了不少对自己家乡的思念，以及对津巴布韦未来发展的忧虑与期盼。她知道，自己不会留在美国，她一定要回到自己的祖国。

在美国的学习生活忙碌而充实，她特别珍惜这里的学习环境和机会，她也一直还是那个信心满满的“Hope”。1980年，津巴布韦独立，这一年对何珀来说是十分重要的一年，她热爱自己的祖国，她要回家去，要为了那片美丽、充满希望的土地贡献自己的力量！

四、苦中求实亦求进

宝剑锋从磨砺出，梅花香自苦寒来。

——《警世贤文》

要做得更好些

诚然，在国外留学的日子是美好的，生活环境和条件是国内无法企及的。但从最开始，何珀就知道，金窝银窝也比不过自己的狗窝。从密苏里大学毕业后，何珀随即回到了津巴布韦。

回到津巴布韦，她获得的第一份正式工作是在政府的公共管理部门担任记录员，这对何珀来说也是真正意义上第一次进入国家公务员服务体系中。早在英国她为联合国工作期间，她就已经积累了管理方面的经验，加上她在美国所学的专业就是公共管理，她觉得自己的能力和视野大大提升，自然也越来越自信。

但在工作的过程中，何珀发现，对于大多数非洲人来说，他们只能从事非常简单的工作。虽然独立后，津巴布韦从白人手中接回了政权，但那些高级别的工作依然只能依靠白人，黑人从事的还是秘书或者打字员等工作，这让何珀非常难过。更重要的是，即便对于那些具备能力可以从事高级职位的黑人来说，他们也面临着许多白人的阻挠，因为这些曾经是上等人的白人并不希望被黑人所领导。

何珀明白，她之所以可以得到这份不知多少人梦想的工作，是因为她在密苏里大学获得了公共管理的硕士学位，而学位不仅仅意味着能力，学位也是必要的敲门砖。何珀是一个十足的工作狂，年轻的她玩了命似的工作，连总统都忍不住对她说："何珀，你不用为了证明自己能行而那样不分日夜地拼命工作把自己推向坟墓。"可何珀就是无法停下来。

工作之余，她还努力抽出时间，攻读津巴布韦大学的博士学位。其实，她当时是可以在美国密苏里大学继续攻读博士学位的。但那时的何珀看到国家的独立，她迫切而坚定地回到了祖国。边工作，边照顾家人，边攻读学位，对于那段忙碌而充实的日子，何珀体会最深。而公共管理方向的博士阶段的研究，让她对在一个落后的殖民国家建立公共管理服务体系有了更深刻的认知，也对高等教育发展有了自己切身的认识。她的博士论文研究题目是《新近独立国家在公共服务中其社会发展管理所面临的关键性组织问题》，显然，这是一个特别有针对性的研究课题，对津巴布韦社会管理有着现实的反思价值与启迪意义。身为医生并开有诊所的丈夫对她攻读博士学位给予了最大的支持。在何珀拿到博士学位后，他为自己的妻子在家中举办了盛大的庆祝派对，对何珀来说，那是令她难忘的记忆。

津巴布韦总统任命何珀为政府服务部官员

或许在大多数人眼里，何珀是成功的，她已经在职业上和社会地位上摆脱了大多数黑人女性的尴尬处境，教育改变了她的命运。现在，她要帮助更多的人改变她们的生活，也正朝着那份美好的期冀一步步走去。何珀说："我是个理想主义者，但我觉得我的理想有一天都会变为现实，我可以而且应该做得更好一些。"

给她们最想要的

无论是津巴布韦还是其他非洲国家，女性教育所面临的困境都不无相似。然而，在何珀看来，无论是从政治的角度，还是从经济的角度，特别是在非洲，女性在社会中的作用不可替代，如果女性能更大程度地发挥自己的潜力，她们会成为社会进步的中坚力量。但她更明白，非洲的众多女性，因为没有接受很好的教育，尤其是没有接受过高等教育，她们还不能最大限度地发挥自己的聪明才智，整个社会观念的转变还有很长的一段路要走。

在津巴布韦开办一所女子大学并不是一件容易的事，更不容易的是，建校时的国内经济也不给力。如果说何珀的前半生似乎总是受到各种机会眷顾的话，这一次，她的确有些生不逢时。自她真正着手开始筹建学校以及建校后的一段时间内，受西方国家经济制裁的影响，津巴布韦正经历着严重的经济不景气。2000年起，津巴布韦政府开始着手进行大刀阔斧的土地改革，白人手中的土地被收回，分配给黑人耕种。虽然黑人的权利及福利得到了保障和提升，但这种土改政策严重触及了白人的利益，同时，政策允许土地买卖，部分土地又重新回到了白人的手中，带来了经济的混乱。最严重的是，这一政策伤害了占人口极少数的白人（主要是英裔）的利益，而他们与国际资本有着千丝万缕的联系。由于利益受损，很多农场生产陷入停滞，大量农场工人失业；此外，国际金融组织断绝了向津巴布韦的援助，以此对津巴布韦进行严厉的经济制裁，从而进一步恶化了津巴布韦国内的经济状况。

在这样一个全国经济困窘的大背景下，开办一所女子大学的难度可想而知，能拿出学费上学的女性数量也会受到影响。周围的人都认为何珀疯了，没有钱，没有设备，没有场所，办一所学校？放弃原本体面优越的工作，做一件前人从来没有做过的事，这实在是太让人难以理解。不仅是朋友，最初，她的丈夫戴维也不认为在这个时候筹办一所女子大学是个好主意，但他最了解自己的妻子，他妥协了，“如果你觉得这是你该做的，那你就去做吧，我支持你。”

在津巴布韦贫瘠的土壤上，不要说女性接受高等教育，就是女性接受基础教育和初等教育，对于很多家庭来说，也是一件很奢侈的事。女孩子在津巴布韦是很多家庭中的主要劳动力，是妈妈的得力助手。如果让她们接受教育，家庭除了要承担和男性教育一样的学费、书本费、杂费等费用外，还要承担女孩子这部分劳动力缺失的支出，这对于很多贫困家庭来说，也的确是个困扰。除了经济窘困之外，女性的安全问题也是不少家庭考虑的问题，更不用提千百年来束缚女性发展的社会传统思维定势。

2013年何珀和她的丈夫合影

何珀的家

在津巴布韦，女性缺乏教育的情况虽然备受关注，但很难实现根本性的扭转。各国政府与国际救援机构不遗余力地努力着。1985年，一场名为“发展进程中的妇女”运动为提高女性地位、创造女性受教育的机会提供了契机，唤起了国际社会对非洲性别意识问题以及对女性群体发展问题的关注。随着男女平等呼声的日益高涨，越来越多的人意识到，在非洲开展女性教育已刻不容缓，各种努力正在汇聚成向女性赋权的强大动力。

事实上，2002—2008年期间，因为津巴布韦国内经济萧条等原因，非洲女子大学的运营非常艰难，但何珀以及她的伙伴们并没有放弃，她们坚守并苦苦支撑着这所成于必然而生于困境的学校。渐渐地，随着国内经济形势的好转，学校的运转也走向良性循环。面对所有的困难，何珀从来没有害怕过，也从没有放弃过。她总是站在舆论的风口浪尖，工作狂的她总是亲自去解决一个又一个问题。在她看来，只要有想法，就一定有办法。

在津巴布韦这样一个一度富裕、其后贫困的国家里，高昂的学费使不少女性在大学校门前望而却步。虽然非洲女子大学是一所私立学校，但在建校之初，何珀就决定这所学校不能以赚钱为唯一目的。为了让有意求学的女性能够首先迈进校园，学校制定了一系列措施，包括学生先支付50%的学费即可入学，学生甚至还可以按课程付费，修一门课，付一门课的学费，学校同时还向优秀学生提供奖学金等政策。该校的副校长查理斯表示，“我们并不是一家慈善机构，不是单纯地做好事的组织，学校也需要从学生身上有所回馈。学生们表现优异，会让越来越多的人注意到我们，相信我们，并到我们学校来读书，这就是我们想要的。”给她们想要的，是这所大学的办学宗旨。

何珀在学校发表演讲

令何珀感到荣耀和欣慰的是，作为校长的她，获得了2009/2010年度富布莱特学者项目资助，她再次赴美交流、研究，她提出的研究题目为《作为创新驱动器和知识中心的大学》(*The University as Innovative Driver and Knowledge Centre*)。在美国接受本科及硕士教育的她，对美国有着特别的感受。在富布莱特奖学金的资助下，她在美国顺利地完成了研究课题，对大学在社会进步中的作用有了更为深刻的解读。

渡过困难期，2011年2月，非洲女子大学的学生数量达到了1000人；2012年，数量达到了2000人；而2013年，学校在校学生达到3200人。通过十多年的坚持不懈，非洲女子大学也获得了社会的广泛关注和认同，很多女性意识到，接受高等教育的确可以促进她们职业的发展，个人的成就感也随之大幅提升。口碑就是这样，一传十，十传百，有越来越多的女性决定上大学，并选择非洲女子大学为其涅磐重生之地。何珀曾骄傲地说，“我们的学生质量都很高，她们表现得很好，在各个大公司都能看见我们的学生，她们真的很棒！”

学科发展

非洲女子大学追求的核心办学理念是：性别的公平性和多样性，学术自由，创造力和创新，诚实而正直，社会责任感，透明及问责。学校提出其教育宗旨在于促进解决非洲高等教育中的性别歧视问题，赋权于非洲女性，让她们接受高等教育，把教育的推进和女性力量的崛起关联在一起，帮助女性在获取知识的过程中具有更强大的心理素质和理想追求。

在师资力量上，到2014年，学校全职员工已近百人，其中大约有1/3从事学术工作。这些员工都有良好的教育背景和工作经历，最低学历为硕士。同时，学校员工的教育背景也很多元，凝聚了具有工作经验和学术能力的多种人才。其中很大一部分员工都曾在工商界、国家公务员系列以及大专院校担任过重要职位。此外，非洲女子大学里的许多教授也在其他有声望的非洲大学享有终身教授的待遇。无疑，这些优秀的师资资源，为培养高质量的学生打下了良好的基础。

在学术发展上，结合学校的创办特色和宗旨，非洲女子大学创办了两个特色学院，即社会科学与性别发展研究院和性别研究中心。前者着眼于提供独特而鲜明的学术课程，传授专门的社会科学知识和技能以及包含性别知识的宣传和应用，通过传授理论知识和提高实用技能，以减少性别差异造成的受教育不平等的问题。目前，学校开设了农业学、经济管理与信息技术、社会科学和性别发展研究等专业。

为切合本国经济发展，农业学专业还开设了一系列专门的实用型课程项目来满足津巴布韦农业发展需求，包括园艺学、动物研究、农业综合企业、野生动物与环境保护等。该学科重点研究热带地区农业生产过程中的各种问题，有着出色的师资队伍和社会实践条件。毕业生都具备在相关农业部门任职的知识技能。此外，经济管理与信息技术专业又下设不少分支学科，包括市场研究、工商管理、银行、金融、人力资源管理和会计等方向，旨在为促进国家经济发展提供人才储备。而社会科学和性别发展研究专业，旨在培养满足社会和跨国组织实际需要的人才，该学科的分支学科包括早期儿童教育、心理学、社会学、社会工作等。 在学校选课体系内，这些学科都为不同院系的学生提供可以满足他们的学科能力及专业技能方面的课程。在教学运行与管理方面，学校在白天和非工作时间段提供4-6周为一期的面授课程。一般来说，一个学年被分为两个学期，每个学期由两期课程组成。学校要求学生参加所有的讲座，并在规定的时间内提交作业。

综合所有学科的创办宗旨与学校实际运行的情况来看，非洲女子大学致力于提供并促进涵盖农业、信息技术、生殖健康、科学技术、领导管理、艺术设计以及其他任何与女性发展相关领域的重点研究；同时，在重要领域为非洲妇女提供参与学术研究和个人发展的机会。学校特别注重开发女性的创新能力，鼓励她们参加跨学科合作的教育，增加女性进入决策层的可能性，增强妇女学生对知识的追求，从而最终培养出具有关怀心和责任感的女性。

虽然这是一所女子大学，但作为校长的何珀，从内心来说，还是希望能为学生提供更多更好的学科教育。她还计划开办经济、媒体研究、IT等新兴热门专业，女子大学要像其他著名学府一样拥有综合的学科建构。或者如果可以，开展与发达国家高等院校的交换项目，让非洲的女大学生能去教育发达国家接受更为系统、优质的教育。

尽管目前津巴布韦国内的经济有很大的回升，但经济形势依然不稳定。学校也面临着教师资源流失、教学器材匮乏、场地空间有限等多重困境，这些都限制了学校的发展。但何珀和她的同事们不曾放弃，依然憧憬着学校的未来蓝图，并为之孜孜以求。

女校中的性别教育

对于女性来说，教育是一项基本权利。而对于一个国家来说，女子教育是经济增长和人力发展的重要催化剂。在非洲，女子教育具有更加特别的意义，非洲的社会和经济的发展受到了人口快速增长和人力资源基础薄弱的限制，妇女是非洲社会生活的基础，她们在家庭中扮演着多重的重要角色。虽然在过去的几十年里，非洲的女子教育整体上取得了很大的进步，但相对而言，这一进步仍是缓慢和不均衡的。一方面，非洲国与国之间因地理位置、政治制度、语言习俗、民族的不同，女子教育的发展水平仍参差不齐；另一方面，与世界其他地区相比，非洲，特别是撒哈拉以南的非洲地区，在女子教育领域仍显滞后。截至2006 年，在53 个非洲国家中，实现初等教育性别均等（毛入学率性别均等指数为0.97—1.03）的只有18 个国家。

非洲对女性根深蒂固的态度或许可以追溯到非洲本土文化和殖民经历中延续下来的“父权制双重遗产”。传统认为，女性的生殖和家庭角色具有非常重要的价值。青春期的非洲女孩强烈地感受到这种压力。她们要么协助母亲或女性亲属完成她们在家庭中的任务，要么就准备好向妻子、母亲或食品以及其他经济产品和服务的生产者这样成人角色的过渡。从那段年龄开始，甚至还在小学就读时，一些女孩就面临着中断学业的危险。

不少老师和家长倾向于认为，男女思维习惯存在差异，不少学科只适合男生学习而不适合女生，如理工学科等。但何珀不这么认为，她发现，女生之所以在某些学科上稍显薄弱，是源于长久以来的思维偏见，只要给女生以时间和平台，让她们掌握正确的方法，她们一样能够在被认为只有男性才适合的领域作出自己的成绩。

在何珀看来，学校教育就是帮助消除原有的性别歧视，促进教育的公平。所以，在实际的教学过程中，学校提醒老师要格外注意对女学生的鼓励，从心理上克服她们的恐惧和排斥。以数学为例，如果要学习金融和工程学方面的知识，必须要学数学，而很少有女生能够学好数学，这就要从女生的心理思维习惯方面给予她们帮助。如果女性能够获得金融学或者工程学方面的学历，就能帮助她们开辟新的就业渠道，也许有一天，她们还能成为金融界的领军人物。要知道，一旦女性接受了高等教育，她们的社会地位、未来生活的轨迹就和之前完全不一样了。女性的生活发生改变之后，整个社会也会潜移默化地发生变化。作为校长，她希望能够影响、鼓励这些女性，给予她们能力和力量，引导她们走出原有的、单一的家庭生活角色，走进校园，进而拥抱新生。

五、何珀和她们的故事

两个女教育家的默契

作为津巴布韦非洲女子大学董事会主席，朱慧琼是一位卓越的华裔津巴布韦政治家、教育家和活动家，也是多年来何珀身后坚定不移的支持者。受过良好教育的她曾任津巴布韦教育和文化部部长、前联合国儿童基金会教育小组主席、非洲联盟组织高级顾问；同时，她也是非洲女性教育家论坛的创始人；她曾在2008年成为津巴布韦议会选举独立参选人。在长达几十年的从政和社会活动生涯中，朱慧琼共在津巴布韦国内以及联合国等国际组织担任多达30多个职位。她和何珀的友谊如一杯醇香美酒绵延隽永，更在如何改善非洲成年女性高等教育方面，她们显得默契十足。何珀身体力行开办了非洲女子大学，朱慧琼则顶力支持并成立了非洲女性教育家论坛。

在政府公共管理部门工作的时候，何珀就与朱慧琼相识并建立了默契，同样受过西方高等教育的两位政界女性可谓一见如故。经历过职业生涯中性别问题拷问的她们，对非洲女性地位的提升有着深刻的认识，他们俩都希望能为姐妹们接受高等教育提供一个机会，帮助她们像自己一样依靠教育改变命运。

究竟怎样才能帮助她们受教育？何珀和朱慧琼一次又一次地分析讨论，她们最终决定要办一所面对非洲成年女性招生的大学。

这是一个很大胆的想法，没有资金，没有场所，几乎是一无所有的她们就要建立一所学校。尤其再过不用多久，何珀就可以从原本体面优越的岗位退休，开始享受安逸的后半生。放弃能够看得见的好日子，选择前途渺茫的新事业，这在很多人看来有点不切实际。但是，朱慧琼这位挚友却很支持何珀的想法，她知道这份心愿的分量太沉，如果不能为之努力一番，何珀是不可能过得舒心安逸的。所以，她本人首先拿出5000美元作为赞助支持何珀。5000美元对个人

朱慧琼（左），非洲女子大学名誉校长莱瓦尼卡（中），何珀·萨德扎（右）

来说不是一笔小数目，但对办一所学校来说有点杯水车薪，可它却大大地鼓励了何珀，她是想告诉何珀，她并不是一个人，身后还有许多支持她的人，有怀抱同样心愿的人。不仅如此，在之后与政府的谈判过程中，朱慧琼也作为政府官员积极促进女校通过政府审批。

毕业生成为了国家副总统

乔伊斯·穆朱鲁(Joyce Mujuru)曾任津巴布韦农村资源和水利发展部部长，2004年12月4日成功当选执政党津巴布韦非洲民族联盟副总裁，成为津巴布韦第一个登上副总统之位的女性。这位女副总统出生在津巴布韦东北部芒特达尔文附近的一个农民家庭，家中有9个兄弟姐妹。18岁时，乔伊斯离开家前往莫桑比克参加了争取津巴布韦独立的斗争，并很快成为希莫尤战斗营的指挥官。1980年津巴布韦独立后，25岁的她成为内阁成员，曾先后担任津巴布韦社区和合作发展部部长、中马绍纳兰省省长、新闻和邮电部部长。年轻时的乔伊斯错过了接受高等教育的机会，在工作职业生涯中，她虽步步为营，但也越发感觉到学习充电的重要性。

非洲女子大学成立以后，虽然有不少女学生报名入学，但在何珀看来，数量和影响力远远不够，她希望有更多优秀的职业女性来上大学。工作缘由，她与乔伊斯·穆朱鲁是多年的相识，每每见到乔伊斯·穆朱鲁，她必找机会鼓励乔伊斯到女子大学学习。一次又一次，每一次何珀都诚恳地劝她要取得学位，教育不仅仅是获取学位，更是获得新的思维方式，获得自信和前进的内驱力。

何珀为了说服乔伊斯，她和乔伊斯一起分析津巴布韦女性的发展现状。数据不会骗人，在津巴布韦，女性在下议院和上议院的代表席位分别只占14% 和33%，完全低于“联合国千年发展目标”

和《南部非洲发展共同体性别及发展协议》提要规定的标准。在当前的议会中，210 个国会议员中只有54 名女性，1209 个市议员中只

何珀教授（右）和副总统乔伊斯（左）在一起

报纸刊登津巴布韦副总统乔伊斯当年在非洲女子大学毕业的报道

有38 名女性。在政府内阁中，男性也在很大比例上超过了女性。15所大学的校长中，只有两位为女性，其中一位还是通过自己创办大学就任校长的。这种不平等的状况出现在津巴布韦的各行各业，即便女性拥有比男性更强的能力，她们也很难进入管理阶层，获得和男性一样的权利和地位。乔伊斯望着这些数据陷入了沉思，之后她郑重地说："好，我到女子大学上学。"就这样，乔伊斯·穆朱鲁成为非洲女子大学的一名新生。虽然工作繁忙，乔伊斯还是尽最大努力完成了学业。

2012年，第六届世界大学女校长论坛由非洲女子大学承办，此次论坛的主题为《赋权女性是经济社会持续发展的战略选择》，乔伊斯作为副总统及非洲女子大学的校友在论坛上发言，她说："我认为这次论坛的主题不但符合时宜，同时也是崇高的。我们需要更多的女性走向争取权利的通道上，让女性从心底发出自己的声音。"

乔伊斯·穆朱鲁在非洲女子大学获得了她的第一个学位。在学习的过程中，她看到了自己的知识和能力的提升，在获得学士学位后，她接着攻读了硕士和博士学位，她说："即使我现在在其他大学继续我的学术追求，获得硕士学位并继续我的博士研究，但我始终认为是非洲女子大学为我打开了通向学术的大门。"

新生今年70岁

非洲女子大学还有一位特殊的校友。她是一位白人，80多岁，叫琪琪·迪瓦里斯（Kiki Divaris）。琪琪一直承办着津巴布韦的选美大赛，也是一位出了名的慈善家。虽然在办学初期，何珀与同事们商量的是招收25－55岁的学生，但当琪琪女士来学校表示也想上大学时，何珀亲切地拉起她的手说："欢迎你来我们学校，希望你得到你一直向往的大学文凭。"最后，琪琪获得了非洲女子大学的荣誉学位，同时她也是学校最年长的校友。

非洲女子大学并不只有琪琪一位年长的学生。Hatifari Munongi女士获得学位的那一年，正好70岁。原本她只是一名普通的黑人老人，和其他老人一样在家含饴弄孙，颐养天年。可当她看到非洲女子大学的招生广告时，她再也无法平静地面对原本的生活，难道她的一生就要这样吗？为什么女人不能接受教育？说服自己、说服家人，她来到了学校，决定和其他年轻姐妹一起上学。

还有女商人伊丽莎白·马卡亚女士，她来非洲女子大学的时候已经整整50岁。伊丽莎白回忆起自己2005年参加国际会议时用英语作报告的场景，"当你看见那些受过良好教育、衣着得体的女性鼓励你、相信你时，你从害怕到自信，你知道最后你打动了她们。那是打开我人生的第一扇窗。"她说，"何珀·萨德扎教授走到我跟前告诉我，我身上还有很大的潜能没有发挥出来，我应该要去上大学。我实在很吃惊，因为我已经50岁了。但是教授不停地鼓励我、支持我，在一年的时间里，我通过了五门专业课，拿到了好成绩。"伊丽莎白回忆道，"作报告的时候我的英语还不是很流利，现在我的英语水平已经完全达到了高标准。"

女儿眼中的女超人

何珀的女儿已经读大学了，在女儿心中，妈妈简直是个女超人，什么事都可以搞定，"她真的太棒了！我妈妈是女超人！"

女儿还小的时候，何珀开始攻读自己的博士学位。照顾孩子本身几乎就要花去一位妈妈所有的精力，还要同时工作和读书，这简直是不可想象的事。而何珀既没有怠慢女儿，也没有放弃自己的学业。她咬紧牙关一边亲力亲为地照顾女儿，一边努力看书学习，最终顺利拿到学位。在女儿眼里，妈妈和别人不一样，她不是普通的女人，在她身上，你会看到无穷的能量和动力。

从女儿开始记事起，妈妈就是个工作狂。“她总是清楚自己要做什么，并且毫不犹豫地坚定完成工作。”在她看来，妈妈一旦下定了决心，就没有什么可以难倒她的。

对于许多事业型女性来说，同时兼顾家庭和工作，对她们是最大的挑战，也是最为现实的困扰。但是何珀的女儿自豪地表示，我们家从没有这样的问题，她是一位优秀的国家雇员，也是一位满分妈妈。每每有国际会议，何珀总是尽可能带着孩子参加，一方面，她不想离开孩子太久，另一方面，她希望给孩子丰富的经历和体验。于是，和妈妈一起，女儿也去过世界不少国家。女儿知道，“只要我们在放假，妈妈去哪儿开会都会带上我们。我想她一定是特别努力地想和我们亲近，想和我们分享尽可能多的时光。”

何珀和女儿在一起

何珀从小就教育自己的孩子要与人为善，对孩子绝不溺爱。何珀坚信，三十年河东三十年河西，帮别人就是在帮自己。

“妈妈常常会带我们去镇里转转，带我们看看穷人家的生活是怎样的，以此告诫我们，我们是多么幸运。她还常常会把许多食物分给他们，告诉我们要帮助这些需要帮助的人。”一次，和第一夫人参加活动后，第一夫人送给何珀半头牛，何珀把牛肉分给了家里的司机和保姆。她是在身体力行地帮助和分享，也在潜移默化地影响着孩子。

何珀是她所在的大家庭的支柱，她的妈妈、兄弟和姐姐都不在人世了，她肩负起照顾家人和外甥女们的职责。亲人们离她而去，她有时会感到特别孤单，同时，她知道，她要代替父母、姐姐、哥哥活好，她要肩负起自己对家人的义务。“我妈是外婆家的支柱。每当家人需要帮助的时候，他们总是第一句就问，何珀呢？快告诉她，她一定有法子。”女儿这样说。

不少人都会问：女人能做什么？女人又能改变什么？可在何珀的孩子心里，妈妈就是这样能干，就是这样永远充满干劲儿和力量，“她真的做到了，她改变了大家！”

和女校长们在一起

这是一群与何珀有着相同梦想的人。过去，她们因为知识改变了自己的命运；现在，她们希望通过自己的努力给更多的女性带来希望，让她们上大学，让她们改变人生。

2012年8月15日，非洲女子大学承办了世界大学女校长论坛非洲分论坛。此次论坛以“发展·平等·开放”为主题，在津巴布韦首都哈拉雷举行，来自中国、美国、新西兰、南非、尼日利亚、加纳等10个国家的30多位大学女校长及学者120余人参加了此次论坛。虽然她们来自不同的国家，有不同的生活背景，很多人甚至是第一次见面，但从她们见面的那一刻起就像认识多年的老朋友一般。在这些女校长心中有着同样的心愿——改变女性现状，追求真正的男女平等。

非洲女性面临的困境持续百年，她们自信、爱美，对生活充满热情，但面对日新月异的新时代挑战，她们措手不及。她们好不容易迈出脚步走进职场，但却因为没上过大学而前景堪忧。女校长们看到太多女性因为没有学历而面临困境，“如果她们不受教育，那么未来还会是这样”。所以她们决定要改变这一切，要把知识带给所有姐妹，让她们改变命运。

“可持续发展离不开教育，离不开对人的培养，社会的进步蕴藏在教育实现发展、平等、开放与合作中”，这是这些女校长一致认可的现实，消除性别歧视，跨越文化障碍，实现教育性别公平，女性领导力提升，建立大学共同体，任重而道远。在这次女校长会议中，大家各抒己见，分享了自己国家在女性教育与发展中所面临的挑战以及她们的关切。

在厦门的会议上，何珀作为非洲高校的代表在大会上进行了主题发言，她的发言热情洋溢，在介绍非洲女子大学的定位与发展的同时，也强调了非洲女性领导力提升与女性发展在国际世界的重要意义，正如她当时一身洋红色西装特别夺目一样，何珀的发言给与会者留下了深刻的印象。

对于非洲女子大学这样一所私立大学来说，举办国际会议，并不是一件轻而易举的事，人员和经费的短缺是最大的难题。但2011年11月，当何珀在中国厦门参加第五届世界大学女校长论坛时，她

何珀在第五届世界大学女校长论坛上进行大会主题发言

2011年11月，何珀（右一）参加第五届世界大学女校长论坛

毫不犹豫地接受了论坛主委会提出的由非洲女子大学承办世界大学女校长论坛非洲分论坛的提议。她知道，尽管有这样或那样的困难，但举办女校长论坛对非洲高等教育的女性领导力提升有着重要的推动作用。

经过繁琐的筹备工作，大会举办得特别成功。津巴布韦副总统乔伊斯到会致辞，与会的女校长、专家、学者，从不同背景和视角充分交流意见。会上，非洲大学的女校长们备受鼓舞，她们希望在非洲范围内彼此支持和呼应，为女性领导力提升建立一个共同的家园。在世界大学女校长论坛非洲分论坛结束的当天，作为主办方，何珀召集所有来自非洲国家的女校长参会代表在午餐宴会现场又召开了现场碰头会议，她们商讨的内容是成立非洲大学女校长协会，彼此相互支持，相互交流学习，为提升非洲高等教育领域的女性领导力而联合起来，共同奋斗。

2012年11月27日至30日，第14届国际大学协会 (International Association of Universities, IAU)总会在圣胡安（波多黎各）盛大召开。国际大学协会于1950年12月成立于法国尼斯，总部设在巴黎。该组织的宗旨是促进在高等教育和研究领域的合作，加速成员组织之间的交流。该组织对于推动全球高等教育的发展作出了卓越的贡献。本次大会的主题是“高等教育和全球日程，未来发展的路线”。作为非洲女子大学的校长，何珀被邀请担任该协会的20名委员会委员之一，委员会的职责就是保证总会决定的实施。

何珀作为委员会的三位非洲代表之一，将为国际大学协会服务四年（2012—2016）。在她看来，她得到了一次机会，不但会获得更多的资源，得到更多的帮助，而且能够再一次把希望带给非洲姐妹。她暗下决心，一定要在更广袤的土地上推动女性高等教育。在会议上，何珀再次重申她一贯的主张："我们怎样才能改变？怎样才能发展起来？教育！教育是最大的出路。只有让越来越多的人接受教育，一切才会变得不一样。"

2012年世界大学女校长论坛非洲分论坛开幕式在哈拉雷举行

在何珀看来，以后这样的机会会越来越多，帮助非洲姐妹受教育的可能性也越来越大。她已决定未来要和女校长们继续一起努力改变非洲姐妹的命运，替她们传播希望。

我们一样可以做到

"智慧与个性，才是真的教育"，这是何珀的一句签名。在她看来，女性在受教育的过程中和男性有很大的不同，如何为女性提供适合她们的教育，符合她们的性格与天性的针对性教育，是在办学中所面临的实质问题。

女性和男性相比，无论在生理上还是心理上，都有很大的不同。据调查显示，面对同样的一个任务，女性只有在确保有八成把握的情况下才会举手表示我能行，而男性是三成。那么在实际教学中，也应该考虑到这些。何珀觉得津巴布韦女性虽然热情而开朗，但在课程学习上，显然还很缺乏信心。何珀认为，首先，她们不清楚上学接受教育这件事究竟值不值。要知道在过去的几百年里，评价一个女人成功的标准是她对整个家庭的投入。如果一个家庭在她的手中越来越昌盛，那她便是成功的。如今，她们会反问：把时间花在学习上，这正确吗？其次，她们很不自信。她们怀疑自己是否有能力和男性一样学有所成。那些深奥的知识她们能学会吗？面对这些，何珀认为最重要的就是给她们信心，告诉她们，女性和男性拥有一样的大脑，男性可以做好的事，女性同样可以。再就是让她们自己去意识到，受教育并不是可有可无的事，而是非有不可的事，是她们必须要做的事。

何珀说，“在学生生涯中，我一直是勤奋刻苦的学生，对于我的学生们，我也希望她们和我一样刻苦努力。”提起她的学生们，何珀总是眉宇间带笑。也正是因为有这样努力、敬业的校长，越来越多的姐妹来到非洲女子大学进行学习深造。

简·罗斯是非洲女子大学的一名学生，入学之前她只是一位普通的家庭妇女。可她的丈夫不一样，他是南非很棒的工程师之一，常常受邀在各地作演讲，但只有一次主办方邀请了罗斯与其丈夫共同参会。这样的落差让罗斯感到很不是滋味，从那一刻起她突然意识到，这是她和丈夫之间的一道鸿沟，一道因为教育背景不同而产生的鸿沟。如果要改变这样的状况，她必须要上大学，要获得知识，要靠教育来弥补和丈夫之间的差距。所以她来到了非洲女子大学，和其他姐妹们一起接受教育，攻读大学本科学历。

学校里还有很多和罗斯一样的女学生，她们在某一个瞬间意识到，如果不接受教育，那么未来将会一片黯淡，她们极力说服自己、说服家人来女子大学学习。“2014年，我们又新招收了一位71岁的学生，她主要学习性别研究和社会学。她和其他学生一样乐在学海中，非常认真地对待功课。”何珀自豪地说道。在她看来，她是学生们的希望，学生们也是她的希望，她们一起为美好的明天而努力奋斗着。

何珀（左）与学校副校长Charles Nherera （中）及学校校友会主席Ellen Mazorodze （右）在非洲女子大学十年校庆上切蛋糕庆祝

2012年是非洲女子大学建立的第10年。在非洲女子大学的学校网站上，刊登着这样一段话：2012年，对于我们来说是极为值得纪念的一年，在这一年，有许多值得我们回忆的时刻。2012年9月17日，女子大学正好10岁，从它创办的那一刻起，它就面临着各种各样的挑战，但正是这些挑战，才使女子大学得以始终保持生机。我们是津巴布韦唯一一所面向女性、特别是25岁以上成年女性的学校。10年前，我们在整个非洲是创新者；10年后，我们依然是领路人。

“下一个十年，我希望我们学校可以开设博士课程。嗨，你不知道，有多少学生希望可以在学校攻读博士学位，但是我们缺少博士生导师。读完博士课程非常不容易，要找到有资格的博士生导师就更不容易了！我和我的同事们都在努力，希望早一点能把博士项目设立起来。等博士项目真正运行起来，我想，我就可以真的退休了。那时候，我一定要看着我的女儿们结婚生子。天哪，我已经迫不及待地想当外婆了！”何珀的脸上洋溢着幸福的光芒。

何珀总是精力充沛，每天开始工作，她做的第一件事就是查看并回复邮件。“确定每一天要做的重要事项是一件很严肃的事情，一点也马虎不得”，何珀把这项工作看得格外重要。在她看来，如果搞不清楚这一天有什么重要的事，那么一整天可能就会被浪费。在邮件中，处理和答复各种问题，何珀总是亲力亲为；她总是尽量亲自答复邮件，对于一些不确定的地方，她会要求助理反复再三敲定。

作为一位女校长，最难的事在她看来就是处理那些学校的日常琐事。何珀说，“我要保证学校的各项运作有条不紊进行，但并不是所有员工都可以体悟到学校所要推进的工作重点。与其希望他们认真工作，不如坐在他们身边和他们一起做事。”

2013年11月1日，何珀被授予津巴布韦妇女联合商会（Alliance of Business Associations in Zimbabwe, WABAZ）颁发的“企业杰出女性奖”（Outstanding Woman in Enterprise Award）”；2013年

11月2日，因其在赋权非洲女性领域取得的成就及其出色的领导力，领导力建构基金（Leadership Institute Laying Solid Foundations, LASOF）授予她“职业与领导力成就贡献者奖”（Career & Leadership Legacy Builder Award）。

2014年5月19日，何珀再获殊荣。作为非洲女子大学的创立者和校长，凭借其为成年女性教育而付出的努力及所取得的成就，何珀荣登2014世界“女性传统协会名人堂”名册（the Women's

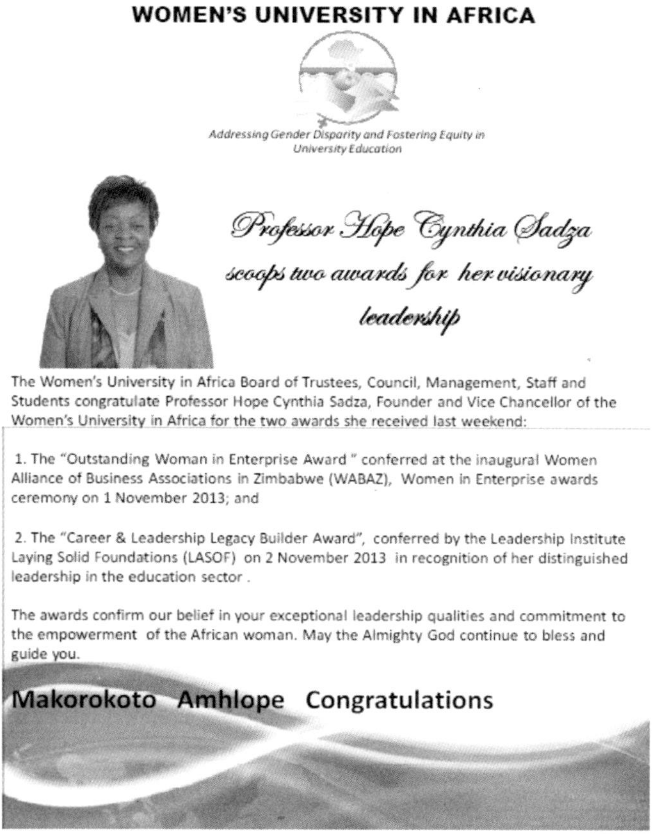
WOMEN'S UNIVERSITY IN AFRICA

Addressing Gender Disparity and Fostering Equity in University Education

Professor Hope Cynthia Sadza scoops two awards for her visionary leadership

The Women's University in Africa Board of Trustees, Council, Management, Staff and Students congratulate Professor Hope Cynthia Sadza, Founder and Vice Chancellor of the Women's University in Africa for the two awards she received last weekend:

1. The "Outstanding Woman in Enterprise Award " conferred at the inaugural Women Alliance of Business Associations in Zimbabwe (WABAZ), Women in Enterprise awards ceremony on 1 November 2013; and

2. The "Career & Leadership Legacy Builder Award", conferred by the Leadership Institute Laying Solid Foundations (LASOF) on 2 November 2013 in recognition of her distinguished leadership in the education sector .

The awards confirm our belief in your exceptional leadership qualities and commitment to the empowerment of the African woman. May the Almighty God continue to bless and guide you.

Makorokoto Amhlope Congratulations

何珀获得“企业杰出女性奖”及“职业与领导力成就贡献者奖”的贺信

何珀荣登2014世界“女性传统协会名人堂”名册的证书

Heritage Society Hall of Fame），一同列入名人堂名册的还有津巴布韦副总统乔伊斯、美国前国务卿克林顿·希拉里、德国总理默克尔、阿根廷总统克里斯蒂娜、泰国前总理英拉、哈佛大学校长德鲁·福斯特、美国脱口秀主持人奥普拉等共20位世界政界、商界、教育界、文艺界的优秀女性。①

名人堂是对世界杰出女性取得成就的最高认同。获得这一举世瞩目荣誉的女性，她们不但在不同领域为社会进步作出了卓越的贡献，更为女性发展树立了榜样，她们总是勇敢地走在前面。无疑，何珀就是这样一位女性。在她的身后，到2013年为止，非洲女子大学已有3118名毕业生，其中女生为2351人，而这个数字随着时间的推移还将不断改变。然而，我们知道，改变的不仅仅是数字……

---

① 2014年度世界女性名人堂榜上名单：

The 2014 inductees from all over the world are as follows:

1. Hillary Clinton; Former Secretary of State (USA)
2. Angela Merkel; Chancellor (Germany)
3. Ellen Johnson Sirleaf; President (Liberia)
4. President (Argentina)
5. Yingluck Shinawatra; Prime Minister (Thailand)

下　编

○南非高等教育与女性发展及女性领导力培养

○南非瓦尔理工大学校长艾琳·莫特拉纳

南非高等教育与女性发展及女性领导力培养

历史上，南非女性遭受着种种不公，她们为争取自由和性别平等而不断努力。1994年，南非民主政府成立后，倡导性别平等，女性在各个领域开始受到重视。知识改变命运，很多南非女性正是通过高等教育发现并发展了自我，其中一些佼佼者成为了南非女性杰出的代表。她们在高校、政府部门或公司中担任要职，不断提升进取，并发出铿锵有力的声音；她们是南非大陆上的艳丽玫瑰，为自己绽放，为他人留香。

一、南非历史发展与女性生存状况

17世纪中期，荷兰人最先占领南非，揭开了欧洲殖民者对这片

南非女性支持反种族歧视斗争

土地上各个种族实行剥削和迫害的历史。18世纪，欧洲各国加快了对外殖民的步伐，而南非特殊的地理位置，使其成为当时欧洲列强角逐的对象。19世纪末，英国人通过英布战争，获得了对南非的合法统治权。白人政府通过制定一系列不平等制度和法律，对有色人种进行殖民统治，其中影响最深远的，当属1948–1991年实施的种族隔离制度。

殖民压迫给南非各种族带来了巨大的打击，女性更不例外。历史上，南非社会和文化传统对女性身份定位特殊，导致女性在争取自由和平等这条道路上举步维艰。在当时白人的统治下，不论白人女性还是黑人女性都从属于男性，女性处于低人一等的位置，主要责任是抚养孩子、照顾家庭，还要兼做农活。她们基本没有发言权，社会和家庭里的所有重大决策都由男人做主。

南非女性支持反种族歧视斗争

20世纪30年代，全球经济萧条，南非也深陷其中。失业率的增加让很多家庭失去了经济来源，农村地区的情形更为严重。为了贴补家用，很多女性背井离乡，离开家庭去城镇工作。在性别和种族的双重歧视下，黑人女性只能从事最卑微的工作，报酬最低。20世纪40年代，南非经济开始转型，从“二战”前的以农业经济为主逐步转变成为以工业经济为主，出现了第二产业。经济的转型为女性创造了很多的工作机会，更多的女性选择走出家庭，走向社会。女性的社会化，不但让女性在经济上独立，更让她们深切地感受到社会对女性的不公待遇，当时被称为“草根抗议”的女性政治组织逐步建立起来。

50年代被认为是南非历史上最骚乱的一个时期。在种族隔离

FSAW的部分成员

南非女性在公共活动中发挥领导力

政策的影响下，政府对有色人种的压迫进一步加强。与此同时，黑人反压迫的斗争风起云涌。其中规模最大和影响最深的抗议活动是1952年的“藐视不公正法运动”和1955年的“人民大会运动”。在这些反抗斗争中，女性发挥了重要作用。1954年4月17日，“南非妇女联合会”（FSAW）成立，这是南非第一个国家范围内的妇女组织。在成立大会上，通过了《妇女宪章》，其主张女性在就业和教育等方面要平等；它还进一步要求女性能带薪休产假，为工作的妈妈设立托儿所，所有的南非孩子能接受免费义务教育等，这些要求后来都被纳入《自由宪章》。

80年代以后，黑人通过反抗和罢工使白人政府陷入了空前的危机，同时国际社会对南非种族隔离制度的强烈谴责和制裁也迫使政府作出改革。从这一时期开始，黑人逐渐拥有了参政议政的权利。在解放南非各种族人民的运动中，女性发挥了重要作用。随着社会对女性认可度的提高，越来越多的女性有机会在公共领域发挥领导作用。

1994年5月9日，曼德拉成为南非历史上第一位黑人总统，建立了南非历史上第一个民主政权。它标志着南非300余年种族隔离制度的彻底结束，一个民主的新南非从此诞生。经过南非全体人民的共同努力和建设，南非目前已经成为世界上政治稳定、经济发展较快的国家之一，也是非洲经济最发达的国家。然而，尽管在多个领域取得了较好的发展，但整个国家仍面临着艾滋病、高犯罪率和贫富差距大三方面的困境。

其中，艾滋病是南非面临的最大挑战。据联合国艾滋病规划署早在2007年11月20日公布的年度报告显示，南非艾滋病和病毒感染人数在2007年超过印度居世界第一位。据南非政府估计，2007年在南非4800万人口中，艾滋病患者和病毒感染人数近600万。在这些受感染者中，有高达1/3的人是15-24岁的女性，约占新感染人数的90%。这些女性受感染的人数比男性高出6倍，而且都集中在怀孕的黄金时期（20-29岁）。[①]

此外，现代南非妇女仍然面临着许多其他的问题，如家庭暴力、虐待儿童、强奸、贫困和失业等。南非政府和非政府组织采取很多措施来应对这些问题，其中教育是一项非常重要的举措。

二、南非高等教育与女性发展

欧洲殖民者在南非建立殖民政府，对南非人民实行残酷压迫。其中，对南非社会影响最大的是1948年实施的种族隔离制度，它将白人与黑人、有色人、亚洲人严格分离，分成不同等级，使种族歧视观念在南非这片土地上扎根并迅速蔓延。为推行隔离政策，当时的政府把教育作为种族压迫的工具，通过法律形式将带有鲜明种族隔离色彩的教育制度确定下来。 1953年，《班图教育法》正式确立，白人掌握了教育领导权，使黑人和有色人的教育受到弱化。这项制度剥夺了大部分黑人受教育的机会，导致占南非大多数的黑人受教育程度低下，例如，20世纪80年代中期，黑人学生只有2%能够上高中。[②] 此后，政府还相继推出了《大学教育法案》、《扩充大学教育法》、《有色人教育法》等法规，规定在南非不同种族实行不同

① 贺明：《走遍南非》，时事出版社2010年5月版，第330页。
② 贺明:《走遍南非》，时事出版社2010年5月版，第236页。

南非比勒陀利亚大学学生在彩车巡游嘉年华活动上展示筹款罐

的教育制度，这进一步扩大了社会中的种族歧视思想。隔离政策对黑人妇女影响极其严重，许多妇女被迫迁往贫穷落后的农村，那里没有教育设施和就业机会，也缺乏卫生设施。[①]

由于历史原因，南非教育深受欧洲特别是英国的影响，很早便建立了比较完善的教育制度。但由于种族隔离制度的推行，教育资源在不同种族、不同性别之间的分配极度不平衡。自1994年民主政权建立以来，政府一直将教育公平作为其教育政策的核心目标，改善教育在种族和性别上的不平等现象，尤其是扩大弱势群体的受教育机会，其中就包括女性的受教育率。尽管教育不平衡现象难以在短时间内彻底消除，但南非目前的教育水平，无论在硬件设施方面，还是在教学质量上，都处于非洲的领先水平。

① 〔美〕彼得·利姆著，蒋伟民、刘小林译：《南非之父：纳尔逊·曼德拉传》，华夏出版社2012年7月版，第62页。

南非高等教育初创阶段（19世纪初–1910）

南非的高等教育可以追溯到英国和荷兰的殖民统治时期，其中，传教团体成为教育发展的主要推动组织。这个时期的南非高等教育主要是模仿其宗主国英国的高等教育模式，以中等教育为主，基本是为去英国留学的预备教育。这些学校用英语教学，如1829年在开普敦成立的南非学院就是基本模仿伦敦大学的建制，1879年在斯坦陵布什创办的维多利亚学院也是如此。

这个阶段，种族隔离教育开始逐渐形成，殖民政府先后颁布了《开普学校教育法》（1905）、《史末资将军教育法》（1907）、《南非法案》（1909），这些法令均暗含有种族差异与教育有别的观念。

联邦制下高等教育发展时期（1910–1948）

1910年，南非联邦政府成立，6所学院组成南非大学。该大学由英国人和阿非利加人联合执政，双方都希望高等学府用自己的语言教学。因此，在这个时期创办的大学增加了几个以阿非利加语教学的高等学校。但随着经济的进步，殖民者开始认识到为当地人创建高等教育机构的必要性。1916年，在联邦政府的经费赞助下，南非土著人大学正式成立，这所大学也成为南非最早面对黑人提供教育的高校，后更名为福特哈尔大学。这所学校在南非高等教育史上发挥了重要作用，它不仅是南非历史上第一所黑人大学，而且还培养了很多黑人精英以及一代政治领导人，其中就有博茨瓦纳总统卡马、莱索托总理莫克莱莱、津巴布韦总统罗伯特·穆加贝、南非民族领导人罗伯特·索布库韦和南非总统纳尔逊·曼德拉，他们不仅通过教育改变了自身的命运，更重塑了非洲的历史进程。

在这一时期，有色人种的青年学生上大学的机会有所增加。有几所大学还招收非白人学生，如南非大学、纳塔尔大学等。尽管当时的学校存在着不同程度的种族隔离和种族歧视现象，但并未获得法律上的认同。

种族隔离制度下的高等教育（1948–1993）

1948年南非国民党（National Party）[①]执政后，为促进阿非利加人的文化、语言和经济利益，建立一个维护少数人的特权政府，该党实施了一系列政策强化种族隔离。1959年颁布的《大学教育扩充法》对南非的高等教育产生了深远的影响。该法案规定了不同种族的人上不同的学校。政府在1963年和1965年又先后颁布了《有色人教育法》和《印度人教育法》，通过立法程序进一步加强巩固了种族隔离制度。

随着民众受教育程度的提高，南非国内反种族歧视运动的浪潮声势浩大。各种学生组织先后成立，如南非学生大会（Congress of South African Students）和大学生的阿扎尼亚学生组织（Azanian Students Organization）。此间，国际社会也开始对南非的种族隔离制度抱以严厉的批判。面对来自国内外的压力，南非政府不得不实行一些退让。1979年，政府颁布面向黑人的大学修正案，标志着高等教育在法律上走向非种族化阶段。1986年，南非政府宣布废除《通行证法》和《人口流动法》，并允许黑人大学校长参加由白人组成的大学校长委员会，黑人上大学的机会进一步增加。1990年3月，德克勒克担任总统后，对种族隔离制度进行了多方面的改革，进一步减少了教育中的种族歧视。

① 南非国民党创立于1915年，是从执政党南非党分裂出来的一个小党，主要以荷裔白人（Afrikaner，布尔人）为基础，奉行白人至上主义。

后种族隔离时代南非高等教育与女性发展（1994年至今）

1994年以前南非实行种族隔离，在此制度下，南非的大学与理工学院之间、传统白人院校和传统黑人院校之间二元分化明显，南非存在着种族、性别和制度上的严重不平等。[①]

1994年，南非民选政府宣告成立。为了打破与新的民主政治建设格格不入的传统高等教育体制，新南非政府启动了一系列变革措施。其高校招生政策大致经历了三个发展阶段：1995–2000年期间，总的政策取向是“不要扩大招生，但要促进学生构成的多样化”；2000–2004年期间，教育部认为“扩大招生不是最佳选择”；而2005年以后，政府的政策导向是“在扩大招生的同时，要强调多样化和差异性”。[②]

1996年，南非教育部公布了《高等教育变革绿皮书》。[③] 绿皮书中提到，在南非，高等教育扮演着激励、引导、发挥公民创造性思维和智力发展的角色，高等教育发展的远景是为了消除过去的不公平现象，教育要不分种族、不分肤色、不分性别、不分信仰、不分年龄、不分阶级，要维护公民平等受教育的机会，并通过高水平教育和培训提高公民的能力和素质。

1997年6月，教育部发布了《高等教育白皮书》，承诺实现高等教育扩招及学生平等入学的双重目的，并确保学生构成成分应反映整个社会人口统计的现实。扩大招生和平等入学的双重策略集中于

① 牛长松：《南非高等教育公平化改革及成效》，《西亚非洲》2010年第3期。
② 牛长松：《南非公立高校招生政策的演变——教育公平的视角》，《外国教育研究》2009年第3期。
③ 陈晨：《后种族隔离时期南非高等教育公平政策研究》，浙江师范大学2012届申请硕士学位论文。

提高黑人学生的入学率和成功率，特别关注非洲人、有色人种和妇女的入学，尤其在那些名额不足的学科领域中。

2001年，《南非国家高等教育规划》提出变革目标，其中成年学生，尤其是女性学生和残疾人学生的入学率需要提高，同时强调了教育公平对改善人力资源发展的重要性。其中，该规划的第三部分专门还论述了南非高等教育系统的公平性问题，而提供平等的受教育机会和公平的毕业机会是规划的两个主要目标，特别是提高黑人、女性及有色人种学生的参与率与毕业率。规划中主要涉及两种公平趋势，一是种族平等，二是性别平等。可见，在当时的高等教育院校仍然存在明显的性别不平等问题，特别是在专业分配上，性别差距较大。《南非国家高等教育规划》中强调，要通过高等教

南非高校女生因获得学位而举手庆祝

育手段，改善过去一切的教育歧视和教育不公平现象，尤其是扩大弱势群体的受教育机会，其中就包括女性的受教育率。在性别构成方面，女性占入学总人数的比例逐年提高，从1986年的41%到1996年的46%，2000-2005年间则基本保持在54%。

表1　2004-2007年南非公立大学不同性别学生的入学人数

	2004		2005		2006		2007	
	人数	比例%	人数	比例%	人数	比例%	人数	比例%
女性	403,462	54.2	401,042	54.6	408,718	55.1	422,535	55.5
男性	341,022	45.8	334,030	45.4	332,662	44.9	338,549	44.5
合计	744,489	100	735,073	100	741,380	100	761,090	100

2005年，南非政府发表《公立高等教育学生入学计划》，该计划就种族和性别两个指标比对了2000-2003年南非高等教育入学的增长率情况，结果显示，基于政府对高等教育公平性问题的逐步重视，入学机会也不再因种族、性别、阶级的不同而有所差别，特别是南非黑人入学人数的增长远远高于有色人、印度裔以及南非白人，而女性学生的人数增长也明显高于男性人数。由此可见，教育

开普敦大学

公平政策的实施已初见成效。

南非政府对教育的不断投入，使其教育体制得以改进和完善，这也使南非拥有非洲最好的教育体系。2007年8月7日，中国上海交通大学高等教育研究所推出了“2007年世界大学学术排名500强”排行榜。根据该榜显示，2007年南非有四所大学进入了世界500强大学，它们分别是开普敦大学（位于201-300之间）、金山大学（位于301-401之间）、夸祖鲁纳塔尔大学（位于401-501之间）以及比勒陀利亚大学（位于401-501之间）。[①]

南非高等教育存在的问题

毕业率偏低

毕业率是制约南非高等教育发展的重要因素。据2013年的一份报告显示，南非23所公立大学中，本科生的毕业率为15%，硕士生的毕业率为20%，博士生的毕业率为12%，而近些年来南非高等教育的毕业率始终在15%-20%之间徘徊。[②]尽管国家学生财政资助计划在逐年扩大，然而学生数量也在同期增长，资助经费投入远不能满足现实需求，从而使得大量贫困生仍会因经济困窘而辍学。

女性在自然科学和工程技术学方面偏弱

南非高等教育改革使学校大门向女性敞开，女性入学人数迅速增加。在短短十几年的时间里，学生的性别比例已发生逆转。1995年，男性毕业生的数量比女性多；到2008年，女性毕业生的人数则超过了男生。[③]然而，这也不能盲目地乐观，在南非高校里，女生倾向

① 贺明：《走遍南非》，时事出版社2010年5月版，第23页。

② http://www.iol.co.za/lifestyle/family/kids/only-15-of-sa-university-students-graduate-1.1531809#.U1d2MOktHlc

③ http://www.scidev.net/global/opinion/zh-137903.html

于研究社会科学、人文学科和艺术，多数人还是认为女生不适合学习数学和大多数科学学科。这种认识源于多方面因素，例如在小学教育中，用于辅助教学的图片往往会把女性描述成家务的操持者，而技术类角色只与男性有关，诸如修理汽车、布线、更换灯泡等等。

高校的师资水平面临危机

南非高等教育机构面临的一个潜在危机是师资问题，即他们如何吸引和留住优秀的教师。南非高等教育界存在严重的教师老龄化倾向，并且已经达到了令人担忧的程度，更糟糕的是，老龄化的教师群体中，大部分是很难被代替的白人男性。南非的大学面临吸引和留住优秀教师的困境是由许多因素造成的，教师的薪水普遍较低是其中一个重要因素，但这一情况还要好于多数非洲欠发达国家。

三、高等教育中的女性篇章

自1994年民主政府建立之后，南非的高等教育得到迅速发展。在2000-2007年期间，南非公立高等教育中女生接受教育的情况有所提升，其中，女性本科生入学率年均增长了4.9%，女性博士研究生入学率年均增长了6.6%，女性的入学率年均增长为5.5%；女性在公立高等院校的总人数中所占比重从 2000年的 52%上升到 2007 年的 56%；[①] 2010年女生入学率为57%。[②]

《世界发展报告内容提要2012：性别平等与发展概述》中指

① 王文礼：《解读通向多样化、有效性的南非高等教育系统的道路：2010-2020年战略框架》，《比较教育研究》2013年第3期。

② http://www.lihpao.com/?action-viewnews-itemid-133041

南非女性参加高校学术会议

出，性别平等有利于发展，它可以从三个途径提高经济效率，改善发展结果。首先，消除女性与男性同等地获得教育、经济的机会及生产投入的障碍会促进社会生产率的提高，在竞争日益加剧、全球化日益发展的环境中，这点格外重要；其次，改善妇女的绝对地位和相对地位有利于其他发展目标的实现，如可以使其子女获得更好的教育和发展；再次，建立公平的竞争环境，可以促使妇女和男性拥有同样的机会，包括参与社会和政治事务、作出决定、影响政策等，这进一步又会使制度制定和政策选择更具代表性与包容性，从而使全社会走上良性循环的发展路径。

今天，尤其是在非洲，教育已成为强化女性发展的一个重要手段。事实证明，那些推进女性教育的国家，特别是中等教育和技能培训，往往可以获得更高的就业率及更好的工作职位。[①]从1994年开始，20年来的教育改革使南非高等教育不断进步。虽然女性发展经常遭遇无形壁垒，需要超越“玻璃天花板”，但值得肯定的是，南非女性接受高等教育的机会和人数获得了极大的提升。

更令人欣慰的是，女性担任大学校长及高层领导已屡见不鲜，不少女性走进高校的领导层，肩负起管理大学、促进大学建设与发展的重任。她们是南非高等教育界的铿锵玫瑰，努力着绽放自己；她们是普通女性的榜样，用教育改变自己的命运，同时为女性教育的发展作出自己的贡献。

谢丽尔·德拉雷（Cheryl de la Rey）校长

2009年，谢丽尔·德拉雷女士成为南非比勒陀利亚大学历史上第一位女校长。比勒陀利亚大学作为南非最大的大学，在民主政府之前，该校还只是招收白人男性。在后种族隔离时代，可以说，德拉雷的当选具有重要意义。

谢丽尔·德拉雷出生于南非夸祖卢-纳塔尔省的一座港口城市德班（Durban）。她从小就是一个学习高手，并认为自己一定

① 马延军：《教育赋权女性，女性助推发展——在世界大学女校长非洲论坛闭幕式上的致辞》，《现代传播》2012年第11期。

会上大学，但学习什么专业，对于当时的她来说是一个悬而未决的问题。

1979年，她进入纳塔尔大学（University of Natal），她的父母想让她成为医生，但她想教学。在当时，种族隔离很严格，对于黑人女性而言，教学是为数不多的职业选择和有保障的工作。1983年，她拿到文学学士学位。1986年，她在夸祖卢—纳塔尔大学（University of KwaZulu-Natal）取得了文学硕士学位。尽管主修心理学是出于偶然，但是她各方面表现出色。在完成硕士学位后，虽然学校给她提供了一个初级讲师职位，但她不想在一所学校一直待下去，她希望通过改变环境来提升自己，于是选择了去高中教学。1995年，她踏入了开普敦大学（University of Cape Town）的校门，并于1999年底完成了博士学位，那一年，她被借调到国家研究基金会，进而担任了18个月的执行董事。之后，她回到开普敦大学担任副校长，又成为高等教育委员会的领头人，2009年，成为比勒陀利亚大学校长。

过去20年，尽管南非出现了一些大学女校长，但她们仍占少数。谢丽尔·德拉雷通过接受高等教育获得了成功，在教育岗位上，为了使更多的女性接受高等教育，她做了不懈的努力。德拉雷在高等教育性别问题方面做了大量的研究。她履职以来，已经任命了3位女性副校长，9位高管中有5位为女性。在招生方面也有了许多变化，截至2012年，比勒陀利亚大学的女学生占总人数的59%。

菲基利·玛兹布库（Fikile Mazibuko）校长

2010年1月，菲基利·玛兹布库教授成为祖鲁兰大学的校长，她也成为该校历史上的第二位女校长。她的学术生涯开始于1994

年，那一年南非举行第一次民主选举，种族隔离的藩篱被打破，黑人学生和女性的受教育机会增加。

在祖鲁兰大学任职以来，她致力于增加在研究领域中女性的数量，增强女性在自然科学和工程技术学方面的领导力。在学校组织、课程和基础设施建设、增加获得教育的机会、促进新知识和国际学术交流方面，她扮演着不可或缺的角色。她为提高祖鲁兰大学的学术水平，提高学校的竞争优势，改善学校的教学质量而不断努力。

同时，作为社会正义的活动家，菲基利·玛兹布库热爱教育、研究、创新，关注人类发展。多年来，她参加了众多的企业、社区和学术组织，为妇女和儿童争取更多的权利，同时她也在扶贫、性别和种族平等方面做了许多研究。玛兹布库特别强调通过教育和社会政策为妇女赋权，使她们免受艾滋病和家庭暴力的影响。

作为一名女性，在学术界她代表着改革、魅力型权威和领导。在南非高等教育领域，改善南非学生的生活质量方面，她也作出了自己的贡献。不懈的努力使玛兹布库教授获得了无数的荣誉，包括2005年的伊利诺伊大学杰出校友奖和2008年的史蒂夫·比科（Steve Biko）国际和平奖。

当今的女性发展已经进入了一个全新的历史时期，女性的社会意识不断增强，社会参与程度日渐提高。在南非，不少杰出女性脱颖而出，女部长、女总裁、女校长的身份和头衔已不再陌生。她们活跃于政治、经济、教育、文化各个领域，展示了女性管理者的独特魅力。约翰内斯堡大学副校长安吉娜·帕瑞克（Angelina Parekh）女士、南非基础教育部部长安吉·莫采卡女士、沙索集团总裁Hixonia Nyasulu女士就是其中的翘楚。

四、问题与展望

女性发展依然面临挑战

近些年，南非在性别平等和提高女性领导力方面取得了很大的进步。但是，传统文化对女性的身份定位仍然是阻碍女性发展最根本的原因。女性获得成功必须得付出比男性更多的努力，如果不能在工作与家庭中找到平衡点，女性的工作很难得到家人的支持。目前，越来越多的女性在政治和教育等领域崭露头角，但是阻碍女性发展的因素依然存在。

在政治领域，女性参与政治多是被任命的。在南非议会席位中，2006年，女性席位占议会总席位的33%，2009年这一数字上升到45%，2013年为42%。[①]早在2008年，在南非全国性别工作会议上，南非政府承诺将把担任各级领导职务的女性官员比例提高到50%，使妇女在社会生活中发挥更大的作用。但在南非，总统任命

① World Development Indicators . Proportion of seats held by women in national parliaments (%). http://data.worldbank.org/indicator/SG.GEN.PARL.ZS?page=1 .

一直是确保女性参与政治的一个关键措施，很多女性官员是被任命的，而不是通过选举上任的。可见，平等仅仅是表象，应该增加女性的自主权，让她们通过选举获得参政、议政的机会。

在南非，高校的核心领导岗位以男性为中坚力量，高校仍然是男人主导的机构，男性比女性更易获得管理权和领导权。南非现在正处于一个社会转型期，从1994年曼德拉致力于建设一个民主和平等的社会开始，到如今，南非民主建设与发展仍处于改革期，过去高等教育留下的糟粕并没有完全被去除。南非政府及其领导人一直致力于性别平等和赋予妇女权利，但是高等教育机构并没有迅速效仿政府的做法。有数据显示，2003年，南非的17所高等学校中，女性在高级管理层的人数占总人数的24%。那时，只有3名女校长，而82%的教授是男性，只有18%是女性。[①]此外，南非大学毕业生中，女性所占比例超过50%，但只有44%的女性能被公司录用。

女性发展还受到传统文化的制约。在媒体报道中，尤其是在政治选举中，女性很少会得到媒体的关注。在南非，决策权力主要掌握在男性手中，女性的社会角色和地位仍受制于传统的信仰和文化态度。尽管女性普遍获得了教育，能够进入就业市场，但女性的收入还是比男性低。世界经济论坛《2013年全球性别差距报告》就指出，相同的工作中，南非女性收入比男性低33%。

很多女性获得了经济上的独立，但是很多因素都在不同程度上限制了女性的发展。在南非，社会性别角色依然存在刻板印象问题。女人总是被认为首先要做好家庭主妇的角色，而由男人来养家

---

① Josephine M. Kiamba. *Women and Leadership Positions: Social and Cultural Barriers to Success.*

糊口，男性拥有参加政治活动的能力和权利。此外，有学者也认为，为了争夺稀缺的资源，女性在权利面前缺乏团结，会倾向于把其他女人视为威胁对象，会互相嫉妒，而不是相互扶持，这也会阻碍女性的共同进步与发展。

女性领导力发展任重道远

人类社会进入现代以来，赋予女性与男性同样的政治、经济、文化权利，已是潮流趋势，这是提高人力资源竞争力、确保经济发展速度的基础。同时，女性也渴望在各个领域展现自己的领导能力。在非洲许多国家，女性领导的组织在争取自由平等和促进国家民主进程方面功不可没。女性领导力的增强，使女性角色越来越受重视，在议会中，她们的发声让女性问题受到更多关注。近些年，南非涌现了一批女校长，她们的成功鼓舞着更多的女性通过受教育改变命运。

尽管南非女性发展受到很多限制，但南非政府在实现女性发展、提高女性领导力的道路上所做的积极探索和努力是值得肯定的。他们给更多的女性提供了受教育和参与政治活动的机会。在高等教育领域，女性领导力在获得了更多的鼓励和认同的同时，女性团结起来挑战传统文化对女性的禁锢依旧路程漫漫，这不仅需要政府和社会各界的共同努力，女性提高自我意识以及勇于打破传统文化的束缚同样重要。

艾琳·莫特拉纳教授，教育学博士，南非瓦尔理工大学校长

1984年获南非大学教育学学士；1985–1994年获哈佛大学教育学硕士及博士学位。曾任高中教师、大学讲师、教授。1997–2004年任伊丽莎白港理工大学副校长；2005–2006年任曼德拉城市大学代理副校长；2007年至今任南非瓦尔理工大学校长。2002年被提名为南非“年度经济女性”。

Professor Irene Moutlana holds Masters and Doctor of Education degrees from Harvard University under a Fullbright Scholarship. January 2007 till now, she serves as the Vice–Chancellor and Principal at Vaal University of Technology(VUT). At the time of her appointment at VUT, she was an Interim Deputy Vice–Chancellor at the Nelson Mandela Metropolitan University (NMMU) post–merger. She had been a Vice–Rector at Port Elizabeth Technikon prior to the merger. She has been a member and chair of various higher education committees, and has been a community developer through various funded projects. In recognition of this community work, she was nominated a Business Woman of the Year (2002).

南非瓦尔理工大学校长艾琳·莫特拉纳

地处非洲最南端的南非，有着“彩虹之国”的美誉。在由不同人种构成的这个国度里，因历史上长期实行种族隔离的教育制度，黑人的受教育机会远远低于白人。然而，南非瓦尔理工大学的校长—— 艾琳·莫特拉纳教授，却在这样的环境中脱颖而出，在高等教育管理领域独秀一方。

她，自幼聪颖过人，在教会女子学校拔得头筹；她，从小志向远大，做校长的鸿愿在少女时期便萌芽在心；她，从不自甘平庸，毅然远渡重洋赴美留学；她，渴望独立自由，立志作出不平凡的事业。

莫特拉纳校长是一位具有非凡勇气的女性，她不但拥有哈佛大学优秀的教育积淀，更以其分享式及开拓式的领导才能，秉承“科技改变生活”的理念，执著于把瓦尔理工大学建设成南非一流的理工大学。

瓦尔理工大学（Vaal University of Technology）

瓦尔理工大学是南非的一所高等院校，在1966-1979年间它被命名为“高等技术教育学院”，1979-2003年改名“瓦尔三角洲理工学院”，2003年更名为“瓦尔理工大学”，现在瓦尔理工大学已成长为南非知名高等教育学府，吸引了全世界各地的学生来此求学。它是南非比较大的几所可为学生提供住宿的理工大学之一，拥有良好的校园环境和先进的教学设备，为学生提供学习、研究、休闲、体育、艺术、文化等各方面的多样服务。占地46000平方米的校园拥有阅读室、实验室、众多礼堂和办公楼，能够满足学生学习生活的不同需求。

瓦尔理工大学的主校区位于比勒陀利亚南端的瓦尔三角洲地区的范登比尔帕克，四个分校区分别位于南非的四个省：豪登省的坎普顿公园(Kempton Park)、北开普省的乌平通（Upington）、姆普马兰加省的塞康达（Secunda）、西北省的克莱克斯多普（Klerksdorp）。主校区占地面积约有103公顷，现有在校生1.7万人。全校共设四大学院，包括管理科学学院、应用计算机科学学院、人文学院和工程学院；设有行政管理、市场营销、零售商业管理、采购管理、物流、人力资源管理、劳资关系管理、成本会计管理、内部统计、财务信息管理、微生物学/生物工艺学、生物医学技术、社区护理、计算机系统、信息技术、公共关系管理、教育、餐饮管理、旅游管理、陶艺、美术、制图设计、摄影、多媒体设计、应用电子学与电子通讯、化学工程、土木工程、电子学、工业工程、生产管理、生产过程用检测仪表与控制、机械工程学等不同专业，招收专科、本科、硕士和博士研究生。

瓦尔理工大学校园风貌

瓦尔理工大学是南非的一所技术性大学，学校注重培养学生的专业技术能力，为学生的就业打下了坚实的基础，同时，其优美的校园环境和便利的教学实施也为学生提供了良好的学习和生活环境。该校因其卓越的教学质量，即将成为南非第一所真正意义上的理工类大学。它培养的人才像雄鹰一样活跃在南非各界，因而又有"鹰的大学"的美称。

一、成长篇：雏鹰展翅

小学生的大课堂

20世纪50年代，艾琳·莫特拉纳出生在南非曼德拉市。曼德拉市原名伊丽莎白港，因为是南非前总统纳尔逊·曼德拉的故乡而更名，坐落于东开普省的阿尔格湾，是东开普省的经济中心，经济成分多样化，其中，汽车制造及零部件生产较为发达。曼德拉市属亚热带地中海式气候，温暖湿润，环境优美，尤以历史古迹和海滨风光著称。[①]她每年都吸引数百万全球游客前往度假，被称为"友好之城"。艾琳就出生在这个美丽的地方。

艾琳成长于一个普通的祖鲁族家庭。父母亲在城里的工厂做工，年幼的她便随乡下的祖父母一起生活。祖父是一位受人尊敬的牧师，创办了一所教会学校。艾琳便在这样一所教会女子学校度过了自己的少年时光。

---

① 曼德拉市拥有2所综合性大学、3所技术学院。其中，曼德拉大学在校学生达25000多人，有来自60多个国家和地区的3800多名国际留学生，是南非11所重点大学之一。

曼德拉市（原伊丽莎白港）

提及受教育，艾琳特别感谢她的父母和家人。因为在那个年代，因长期实行种族隔离的教育制度，黑人受教育的机会远远低于白人。1948 年南非全面推行种族隔离制度，按种族、地理和意识形态划分为19个不同的教育部门，并建立了黑人、白人、有色人和印度人4种教育体制，实行“分散管理”和“学校分离”，这造成南非各族，尤其是黑人与白人之间文化教育水准相差极为悬殊。[①]20世纪50年代初，南非当局按照托管和种族分隔的思路，首先把非洲人教育控制起来。1953年颁布的《班图教育法》把各省的非洲人教育统统置于土著人事务部管辖，未经批准，任何学校不准建立。以往教会办的非洲人学校，不再享受政府补贴，并限期关闭或卖给土著人事务部。新办的非洲人中学须建在土著人保留地，造成大批城镇非洲人子女上学困难。[②]那个年代，不是所有的孩子都能走进课堂接受教育，尤其是黑人女孩，她们最重要的功课是学会做饭、洗衣、缝纫等家务。

幸运的是，艾琳生长在一个极为重视教育的家庭，而她本人也极其聪慧。在父母及祖父母的关爱下，艾琳小小年纪就走进课堂，个头不高的她总是忽闪着充满求知欲的大眼睛，开始了她的求知之旅，而她的命运也因知识而改变……

在艾琳上小学的那个时期，南非黑人学校在教育设施、教材和师资水平方面都无法跟白人学校相比。缺水、少电、卫生设施严重不足、教室稀少等情况在黑人学校中相当普遍。由于条件所限，艾

---

① 荣黎霞:《发展中国家如何致力于更加公平的教育——以印度和南非为例》,《比较教育研究》2007年第2期。

② 罗毅:《南非教育的改革与发展》,《西亚非洲》2007年第9期。

琳就读的女子学校将不同年级的学生安排在一起上课，几个不同年级的小学生常常挤在一个能容纳200多人的半露天式的大教室里共同学习。

自然、英文、历史，不同课程的老师的讲课声、学生的读书声此起彼伏，氛围喧嚣却也有节奏感。而在艾琳看来，这种教与学的混合，奏响了她童年记忆里最美妙而和谐的知识乐章。她非但没有被不同的声音所干扰，相反，通过“偷听偷学”，她多学了不少其他年级的课程，她在不同知识里转换且游刃有余，享受着学习的乐趣。

学会分享，学会爱

在艾琳就读的学校里，学习资源总是很有限，孩子们不仅要分享教室，还要分享课本。那时，没有人可以独自拥有一本课本，常常需要七八个同学轮流看一本教科书，而笔记本和笔更是难得，他们没有办法做笔记。也就是说，教科书不会在某个学生的手上保留不动。于是，聪颖的艾琳从小便学会了将课本记在心里。艾琳听讲不用做笔记，她更喜欢把需要记住的东西通过大脑迅速记住，通过反复记忆巩固知识。在这种有限的学习条件和环境下，艾琳学会了边学边消化。

如今回想起来，艾琳对有这样一段经历颇为感谢。她并不认为受到了不公平种族教育政策的困扰，乐观豁达的她也未曾有心理创伤。她说，是这样一种独特的学习经历造就了她同时掌握几种不同知识的能力，对她后来在不同领域的学习、工作有很大帮助。事实上，在共同学习的过程中，孩子们练就了更为重要的品质——分享、关爱、团结。这是艾琳最初获得教育的副产品，但却让她终身受益。

分享文化，是很多传统非洲国家的一个共享文化特征。在部落文化中，一个孩子就是全部落的娃，食物、水、房屋等在部落内总是被均分均享。部落里的这种分享文化也延续到艾琳生活的家庭与环境中，并在她的内心深处扎下了根。

在物质匮乏的年代，除了课本，大家还要一起分享食物、衣服等。艾琳觉得她的这种特殊经历是一笔财富。她认为，教育的本质不仅仅是传授知识，更是要教会孩子们做人、做事。分享、友爱、互助，这些无一不成为她生活中的重要元素，也为她后来专注于教育事业储备了精神食粮和价值准则。

不能让母亲失望

艾琳的母亲是一名普通的工人，但这位平凡的母亲却以她的远见和无私关爱给了艾琳莫大的影响。在大部分女孩子只是做家务而不能接受教育的年代，艾琳的母亲毅然地将她送入学校念书。

母亲曾对她说："我只是一个普通工人，没有高深的学问，但我知道读书的好处。我会竭尽所能，把你送入学校接受教育。女儿啊，你可别让妈妈失望。""不能让妈妈失望"，深深地烙印在了艾琳的心里。怀有这样的心愿，艾琳总会比其他孩子看上去更坚定，她有自己的努力方向，本就聪慧的她，读书更加努力了。

艾琳在学校是那个总能进入老师视野的孩子，而她的考试成绩也总是名列前茅，这让她尝到了做好学生的"甜头"。小学毕业，她以全校第一名的成绩进入中学。

不让妈妈失望，她做到了。

和祖父母在一起的日子

艾琳的童年很多时间是和乡下的祖父母一起度过的。正直善良的祖父母给她的成长带来了很大的影响。祖父身为教会学校校长，日子并不宽裕的他却常常接济穷人，而被接济的对象除了黑人，也有白人。

祖父的善举给小时候的艾琳播下了分享仁爱的种子，长大后她仍时常感念。虽然南非长期的种族隔离制度给黑人带来了巨大的痛苦，但这并未在艾琳心底埋下仇恨。相反，她自认从小并未受到太多种族歧视的压力，因为在底层社会，很多白人也不富裕，贫穷的白人和贫穷的黑人一样，也要为生计而劳作、奔波。乡下的日子清贫却安逸，艾琳在那里与祖父母度过了一段无忧无虑的时光。

我有一双新鞋子

20世纪60年代的南非经济尚不发达，广大的黑人依然生活在贫困中。加上性别不平等，黑人女性更是饱受困苦。由于物资贫乏，鞋子对于艾琳那个年代的孩子们来说，是个稀罕物，更是奢侈品。

在一般的家庭里，孩子多，鞋子会在孩子们中间轮流着穿。多数孩子是没有鞋子的，他们平时都赤着脚跑来跑去，只有礼拜日去教堂才舍得穿鞋。谁要是能得到一双新鞋，那可得格外珍惜，有一双新鞋，对于一个孩子来说，简直就是天大的喜悦。

这个喜悦，有一天，降临在艾琳的身上。偏爱艾琳的祖父为了奖励她的乖巧，从集市上给她买了一双新鞋子。这真令艾琳喜出望外，简直是难以置信。她得到新鞋子，心里甜得像喝了蜜。可没想到的是，鞋子买小了，不合脚，也没法儿换。看着新鞋，艾琳真希望自己的脚能缩短……面对新鞋子，小小的艾琳却做出了一个出人意料的举动——她拿起剪刀，毅然将鞋子的外沿剪开口。就这样，她穿着“张嘴”的鞋得意洋洋地来到学校。迎接她的目光有惊讶、不解、质疑、羡慕、嫉妒……面对这些，她却毫不在意。“不管怎样，我穿的是新鞋呀！”带着些许叛逆，特立独行的她，毫不畏惧地面对所有异样的目光。这双新鞋子，也成了艾琳最美好的童年记忆。

二、求学篇：天高任鸟飞

13岁的愿望是我要当校长

艾琳在学校是个特别聪明而又努力的女生，小小的个头，大大的脑门，透着一股子机灵和不同寻常。当然，年少的艾琳还有着不寻常的抱负和志向，年仅13岁的她，就有了当校长的愿望。在她的眼里，学校是最美好的地方，老师是最令人敬佩和完美的人，而做校长，则神气得不能再神气，校长在她的眼里，是权威与知识的结合。

还记得当初学校老师问大家长大想做什么，踌躇满志的艾琳当即表示：“我要当校长！”语出惊人的她竟得到了母亲的赞许和支持。一向鼓励她多读书的母亲对她的这个稚气却又坚定的愿望毫不怀疑。当然，艾琳那时说的“校长”，是小学校长。

当年的愿望终变现实，她成为了大学校长。已步入中年的艾琳也颇为感慨，冥冥中似有天意。她说，自己也不知哪来的一股子劲头，年少的她颇有干一番大事业的决心，而且相信自己一定能成功。看到自己不少的小伙伴因各种缘由都纷纷辍学了，一直在学业上不断前行的艾琳便暗下决心，一定要当老师、做校长，办一间学校，让贫困的孩子都能上学，在学校里，她要做学生们最喜欢、最崇拜的人。如今，她已在这条路上走了很远，却从未忘记为什么出发。

哈佛求学

1972年，年少聪慧的艾琳进入大学学习，获得了南非大学的教育学学士学位及北方大学的文学学士学位。毕业后，她成为了当地一所中学的老师，教授英语和地理课。她喜欢教课，喜欢和学生们在一起。

因为家庭的一些变故，她想躲开现实的生活。不安于现状的艾琳申请了赴美深造，而幸运的她获得了富布莱特奖学金。富布莱特奖学金是由美国政治家詹姆斯·威廉·富布莱特推动建立的，旨在促进全世界的学生和教育工作者增进交流和理解。能获得该项奖学金的人无疑都是教育界的佼佼者。

哈佛大学校园

当时已为人母的艾琳，毅然带上三个孩子，踏上了赴美求学的征程，来到了她梦寐以求的高等学府——哈佛大学。一个单身母亲，一边攻读学位，一边照顾三个孩子，这不是一般女人能够做到的，也是难以想象的。她不但攻读完哈佛大学的教育学硕士，更获得了这一世界名校的博士学位，期间的辛苦与执著，可想而知。

为了攻读学位，从1985年到1994年，艾琳在波士顿度过了近10年的艰辛却也令她难忘的岁月。艾琳说："那是我人生最美的一段时光。"学业是繁重的，但她求知若渴，常常在图书馆读书到深夜；工作是辛苦的，奖学金难以维持她和三个孩子的生活费用，她不得不在课余当助教、做保姆补贴家用，不管多苦多累，她始终坚持着。

在哈佛，她似乎获得了一种重生的力量，"我感到了自由，一个更好的自己被我发掘了出来"，她这样诠释那段异国求学的生活。她用一年的时间拿下了硕士学位，研究汉普顿·塔斯基教育产业向非洲的转移；随后，她又用六年时间攻读博士学位，研究教育对南非黑人青少年的影响。她把全部的学术热情倾注在非洲的教育学研究上，再难也不觉辛苦。的确，对于艾琳这样一个想要飞得更高的女性来说，越是有挑战的人生越充实。

且行且珍惜，做最好的自己

艾琳25岁结婚，丈夫是同一所大学的理学学士。然而这段姻缘未能长久，在共同生育了三个子女后，双方选择了分手。夫妻缘尽，坚强的她却并未丧失对生活的勇气。艾琳带着三个孩子来到美国后，担当起独自抚育孩子的重任，单身母亲的个中艰辛自不必说，三个孩子在她的严格教育下皆成绩斐然。大儿子和二儿子均毕业于麻省理工学院，一个是机械工程师，一个是医生，小女儿在南非的大学读市场营销。

命运兜兜转转，现在她的丈夫是她的初恋男友。两家父母是世交，二人自幼相识，青梅竹马。谈起这段婚姻，艾琳感叹命运给予她的缘分："一个人在外闯荡，回来后却遇到最初的他，这种感觉真是太奇妙了。"如今的艾琳，除了自己的三个子女外，还抚养了姐姐的一儿一女，再加上丈夫的孩子，真正是一大家子。不过，"孩子们都长大了，婚姻是我们俩的生活，我还是会做最好的自己"，艾琳如是说。女强人不光事业优秀，经营家庭也要自有一套。

三、治校篇：鹰击长空

她身上有太多的第一

长期担任大学校长的艾琳有丰富的教育管理经验。1997年，她回到故乡，担任了伊丽莎白港理工大学分管学术的副校长。2005年，她转战曼德拉城市大学，代理分管学术的副校长；2005年7月至2006年12月，作为代理副校长，她又分管了该校创新研究技术的事务。在大学高层管理领域摸爬滚打多年，艾琳日臻成熟，积累了丰富的高等教育管理经验，处理事务也越发游刃有余。

2007年艾琳获得了瓦尔理工大学校长的任命，自那时起，她见证了这所年轻的理工大学成长的点点滴滴，她和学校共同经历风风雨雨，也为这所大学的成长而不遗余力。在她接任之初，学校与前任校长正在为腐败案进行繁杂的诉讼。前任校长奥布里·莫卡迪被校务委员会及纪律监察小组指控诈骗、腐败及滥用权力，并遭到解雇。但该项指控却被地方法官以证据不足为由驳回，莫卡迪无罪开释。随后莫卡迪对学校提出了反诉，声称学校的不当指控导致他失业又失金，借此提出了4000万兰特（南非货币）的赔偿金额。艾琳沉着应对，并竭尽全力捍卫学校的清誉。她与全校师生同舟共济，共同解决了学校的财务危机与诉讼危机，赢得了师生的赞誉。

从最初的9000名学生到如今的21000多名学生，从最初的学院成长为现在的大学，这所公立高等教育大学目前拥有四个校区，为南非培养了大批技术型及复合型人才。不服输的艾琳笑称自己有太多“第一”：任教中学时成为第一个黑人女性教学主任；任教大学时成为第一个女性主任研究员及第一位女校长；另外，她还是家乡第一个女大学生。

毋庸置疑，这些闪亮的纪录背后是她异乎寻常的坚持和勇气。由于她在教育事业上取得的卓越成就，2002年，艾琳获得了南非“年度女企业家奖提名”（Candidates for the Businesswoman of the Year）[①]，这项殊荣无疑是对她事业的肯定。艾琳笑称，“女性应该用自己的智慧和能力参与到社会管理与科技研究事业中去，而不只是围绕着家务打转。”“一枝独秀不是春，百花齐放春满园”，充满事业进取心的她致力于教育事业，同时也在帮助他人，让他们拥有接受教育的机会，使大家共同进步，艾琳俨然已成为南非高校女性领导力的代言人。

---

① “年度女企业家奖”始于1980年，是南非女企业家协会对南非经济作出杰出贡献的女性企业家的表彰与鼓励。它是南非经济领域最权威的奖项，也是经济领域唯一一个只针对女性的奖项。该奖项含金量高，得到全国乃至世界的认可。

为女性教育事业奔波请命

梦想支撑着现实，并为现实提供源源不断的能量。从小立志做校长的艾琳，在一步步朝着梦想奋斗的过程中，为南非教育事业的发展作出了卓越的贡献。由于历史和文化因素，南非女性教育发展缓慢。为推动和改善女性教育，争取女性在社会各个领域的平等地位和机会，艾琳以身作则，著书立说，鼓励和支持女性摆脱传统枷锁，追求自我梦想。

2001年，艾琳参加了“南非—非洲女性教育家论坛”（Forum for African Women Educationalists South Africa），并作了有关女性领导力发展的主题发言。她指出，在非洲这个男权社会，女性现代化面临着诸多挑战和问题。在南非，即使现代化进程不断推进，但传统大学仍供奉着那套由白人社会主导的共同价值观和行为准

艾琳·莫特拉纳校长与学生交流

则。当女性进入这个体系并成为领导者之后，她们马上就会下意识地与既存文化保持一致，否则将很难在体系内生存与发展。尤其是黑人女性，她们更容易受到排斥，社会环境对她们的低宽容度导致她们犯错误的成本和代价更高，因此，她们的成功需要比别人付出更多的努力和艰辛。

南非政府推行的性别平等政策是南非女性教育和领导力发展的重要保障和前提。正是因为如此，艾琳认为这种对女性强制性的保护措施让女性能力不被信赖，处处遭到社会怀疑。女性即使身处高位，也很难感到快乐。作为教育领域的学者和专家，艾琳深知教育对女性未来发展的重要性。但是，传统文化和殖民政策对女性的桎梏严重阻碍了女性教育的发展。为宣传和普及教育，艾琳积极参加教育组织和活动，常常活跃在国内和国际学术会议和论坛中；同时，她发表了大量的学术文章，并奔赴各地进行公开演说。推动南非教育事业发展成为她生命中最重要的主题，并且，她做到了。

艾琳在教育领域的成功成为女性教育和领导力的最佳诠释。一个人只有相信自己，才能实现自我。正像她曾经说过的："女性不应该为自己的性别特征而感到害羞和不自信，像有爱心、富有同情心、易相信人以及乐于分享等特点应该成为女性的优点而不是弱点。女性需要有意识地树立和维持这种价值观，才能把这些理念变成我们的核心价值观并最终成为我们文化的一部分。女性要学会适应并享受作为领导人的身份，才能真正促进和发展女性领导力。"①

① 2001 Moutlana,I.N. Surviving the boardroom dance. FAWESA(Forum for Africa Women Educationalists South Africa) International Conference. Peninsula Technikon.12–14 Februaruy.

她是严师，亦是慈母

艾琳拥有卓越的交际能力、语言能力和自信心。谈到学校管理，艾琳自认为是一个严格的管理者。艾琳虽秉承开放的管理理念，但她对学生的要求很高，希望他们在自己的领域做到最好。她血脉里流淌的分享文化，在她的大学管理中得到了最大程度的发挥。她特别注重同学和同事的建议，注重团队合作。作为一个女校长，性别并未成为她工作中的障碍。在她看来，在学校事务管理中，她首先是校长，其次才是女性。

艾琳能讲南非几个部落的语言，人际沟通方面驾轻就熟。在学校里，同事大多数是白人男性，学生也大部分是白人男性，但是她有足够的信心和能力去说服他们。在她看来，说服同事和她一起做事，不是源于校长的威严，而是源于共同的信念和共通的理念诉求。

同时，身为女性和母亲，作为一校之长的她，对待学生严格而不严苛，态度宽容而平等。对于家庭经济贫困的学生，艾琳有着深刻的关切。她为此主持设立了专项基金，帮助他们渡过难关。她深知贫穷的滋味，不希望任何一个学生因为贫穷而辍学。她永远记得德高望重的祖父是如何接济穷人的，而这也正是她致力于教育事业的初衷。

诚实而又开放，是艾琳管理学校的原则。热情而又坚韧的她获得了同事们的支持。在她的主持下，瓦尔理工大学建立了科技园区、新能源教育中心、健康中心等一系列项目。该校也因其卓越的教学质量而即将成为南非历史上第一所真正意义上的理工类大学。

让科技改变生活

位于赛博肯校区的瓦尔理工大学科技园区是艾琳主导建立的

艾琳·莫特拉纳校长在“法国–南非施耐德教育中心”建成仪式上致辞

艾琳·莫特拉纳校长与施耐德电气(南非)董事长卡尔·克莱因汉斯共同为教育中心揭幕

艾琳·莫特拉纳校长与科技转化创新小组以及施耐德电气嘉宾合影

亚历山大·塞巴斯蒂安教授为艾琳·莫特拉纳校长和法国大使雅克·拉布什讲解机器工作原理

一个重点工程。南非科技部对此给予了大力支持，部长潘道尔称，这座科技园区成为了南非科技创新的孵化器。艾琳指出："在南非，中小型企业贡献了40%的国内生产总值，以及60%的就业机会。我们必须鼓励青年创业，提倡企业家精神。"瓦尔理工大学的科技园区旨在为地区经济发展助力，以其雄厚的科研能力为依托，为中小企业提供科技支持，以创造可持续发展的产业。艾琳表示，学校的科技园区鼓励周边地区企业展示新产品和设备，促使他们不断优化创新能力，以获取更大的经济效益。科技园区使得政府参与促进新兴企业的发展，将其产品推向市场。3D扫描技术的推广应用是科技园区的一大成就。从前企业使用成本较高的成型工艺，如今便捷的3D技术可以将科技创意进行复制，大大降低了企业成本，也使得更多的青年人参与到科技创新中去。

2012年，能源管理专家施耐德电气（南非）与法国教育部及瓦尔理工大学开展合作，创办了"法国—南非施耐德教育中心"，将在能源、电力、自动化领域培养更多的技术人才。该教育中心包含大量的教室、实验室，法国教育部负责提供基础设施、运转管理和技术专家，以利于先锋课程的编制和开发；施耐德电气则对该教育中心提供能源、自动化和资源回收的设备支持，以利于教育和科研。对此，瓦尔理工大学颇感骄傲，该项目的竞标成功进一步见证了该校在理工教育界的实力。施耐德电气（南非）董事长卡尔·克莱因汉斯表示，中心将安排瓦尔理工大学的一些优秀学生接受资深技术人才为期六个月的指导，使他们提前熟悉产业内的工作环境，这将有利于提高他们的就业竞争力。该教育中心对贫困地区的青年人进行重点培养，使他们掌握劳动力市场所需的技能。瓦尔理工大学校长艾琳表示，这所教育中心的出现对于南非今天的发展再及时不过了，“目前我们国家发展面临的最大困难依然是技术人才的短缺，我们非常需要拥有专业技术、创新思维，技术训练能力、人际交往能力强的年轻人”。她还表示，瓦尔理工大学致力于培养高质量的跨学科人才，“他们将不仅对南非的社会发展大有裨益，还将见证整个非洲大陆的崛起”。由此可见，该教育中心不仅是瓦尔理工大学发展的一座里程碑，还是豪登省乃至整个南非发展的一座里程碑。

作为一所理工类大学的校长，艾琳对于科技的追求可谓孜孜不倦。在创立了科技园区、新能源教育中心等一系列项目后，她还要让整个学校实现全信息化管理。“要用科技提升教育水平”，她说。她深知科技是进步的力量，而科技只有运用到具体领域，才能带来变革。在培养科技人才方面，瓦尔理工大学可谓独树一帜。它是南非几所比较大的住宿型技术大学之一，拥有良好的校园环境和先进的教学设备，为学生提供学习、研究、休闲、体育、艺术、文化等各方面的多样化服务。占地46000平方米的校园拥有阅读室、实验室、众多礼堂和办公楼，能够满足学生学习生活的不同需求。可以想象，身为该所大学掌舵人的艾琳背后所付出的辛劳。

浮沉人生

生活总是像河水似的流个不停，像涡流似的，像小瀑布似的，虽有起起伏伏，但总是向前流着。人们都在前进——也许有些变故，不过总是在前进。这句话形容艾琳的人生再贴切不过。2012年11月她被指控干预学校工程招标，致使学校的一个项目额外花费130万兰特。这一事件处理前后，她深陷舆论漩涡，事件在学校、在媒体中不断发酵，针对艾琳的争议与支持、批评与认同的声音此起彼伏，艾琳也经历着职业生涯中一段最煎熬的日子。经学校理事会决定，艾琳暂离校长岗位。黯然离任之时，不少人认为，她就此会离开瓦尔理工大学了，而关于前任校长奥布里·莫卡迪将回归的传闻也不绝于耳。

这一风波前后持续了半年之久，艾琳也在风波中起起伏伏。经过调查，没有直接证据表明她从中获取个人利益，但她被指疏于管理，使学校蒙受经济损失。面对管理不当的指控，她自认难辞其咎。她虽一度被调离校长岗位，但最终学校董事会仍决定让她继续管理学校。消息一出，新一轮辩论战随即打响，但出于对她的人格及能力的一贯信任，董事会仍坚持让她留下。董事会主席坚称：“出于学校利益的考虑，没有人比她更适合校长一职了。”然而，国家教育健康联合工会的发言人斯威·帕姆拉对艾琳·莫特拉纳的回归表示不满，并坚持认为她应受到惩罚，认为“尽管她已被证明有过失，

“鹰的大学”——瓦尔理工大学

可她并没有受到实质性的影响，我们将继续调查呼吁”。

2013年6月，伴随着争议声，艾琳重返校长一职。经过这次人生的转折，艾琳显得低调了许多。但这个生来就喜欢挑战、具有超强胆识的女性，想必也不会被这样的挫折打倒。能力有多强，责任就有多大。面对非议，她并未多说什么，只是表示一切尽在行动中。

2014年1月24日，瓦尔理工大学的网站上登载了这样一条新闻：瓦尔理工大学自豪地宣布，艾琳·莫特拉纳校长最近被任命为南非技术网络协会（South African Technology Network）的副主席。该协会是南非五所科技大学于2006年成立的高等教育机构。而该协会的CEO 杰夫瑞·马贝莱贝拉（Jeffrey Mabelebele）博士在确认艾琳校长就职时指出：“您在高等教育职业生涯中的出色工作，已经证明了您将会对本协会作出不可估量的贡献。”

开创新未来

谈起学校的未来，艾琳表示，瓦尔理工大学不仅要做一流的理工院校，还要成为一流的综合性大学。

Vaal University of Technology

Your world to a better future

瓦尔理工大学的校徽、校训

目前，全校共有四大院系：管理科学学院、应用计算机科学学院、人文学院和工程学院。她说，除了理工科技人才之外，商业人才也是他们培养的目标。要想提高学生的就业率，打造全方位人才必不可少。有多种文化教育背景的艾琳认为，要想在竞争激烈的社会中取得一席之地，只懂得专业技术远远不够，还需要创新思维、技术训练能力。她要重点培养善沟通、有激情、会领导的年轻人。“以后将会是复合型人才的竞争，除了在南非，在整个非洲都是一样。”现在瓦尔理工大学有四条培养目标：1.培养高质量、称职、具有企业家精神的人才，能对社会带来正面影响；2.培养掌握尖端技术并会教学的人才；3.创造好学、博学、创新的学习环境；4.推动国家乃至整个非洲的产业发展。

这位具有远大目标、颇具领导力的女性，正积极地推动南非教育事业的产业化。她说，“高等教育不仅是公益事业，还要通过商业手段形成发展的可持续化。”我们有理由相信，在她的带领下，南非的科技人才定能像鹰一样翱翔于天际，而以她为代表的女性领导力，也在非洲大地慢慢崛起。

后 记

笔耕至此，虽非洲大学女校长群体研究告一段落，但三位女校长却将从她们各自的传记中走进中国读者的视野，这，无疑是令作者最为期待的。

印象中，非洲是一个落后的大陆，非洲女性更是非洲贫困国家中的贫穷人群。然而，当你读完这本传记，你已经走进了一个不同的非洲，或许还会与我分享着同样的感受：非洲是一片充满生机和希望的土地，那里的人，和我们一样，在为美好的生活而不懈努力并执著追求着。三位女校长来自不同的国家，有着不同的生活轨迹，但有一点是相同的：教育改变了她们的命运，而她们又通过教育赋权，改变着他人的命运。作为杰出的女性领导者，她们乐达、坚韧，充满前进的斗志；同时，作为普普通通的女性，她们又在家庭和事业间寻找着平衡、成就与幸福。

在挖掘和展现三位女校长的成长、求学、治学、教学、办学的研究过程中，我常常被她们所积淀的个人魅力所吸引，为她们在困窘中不言放弃的强大意志而折服，为她们同为普通女人的那一面而感动。在此，感谢她们的信任，向我敞开心扉，分享她们的人生故事；感谢三位校长家人及同事的配合，让我遇见了更加生动的她们。

还要感谢中国传媒大学传播研究院几位勤奋的硕士研究生同学，他们为本次研究做了必要的资料查找、部分采访的听译、文字整理及部分写作工作。本书写作分工为：周杨、刘洋、张艳秋：乌干达高等教育与女性发展及女性领导力培养；张艳秋：乌干达布茨特玛大学玛丽·欧克瓦克校长传记；周超婕、张艳秋：津巴布韦高等教育与女性发展及女性领导力培养；张艳秋、周超婕：津巴布韦非洲女子大学何珀·辛西娅·萨德扎校长传记；张志达、周杨、张艳秋：南非高等教育与女性发展及女性领导力培养；马悦、张艳秋：南非瓦尔理工大学艾琳·莫特拉纳校长传记。

我有幸参与本次教育部社科重大课题项目，在此，特别向刘继南校长致以诚挚的敬意与谢意！正是在她强大的女性领导力带领下，在她坚定而温暖的支持下，我得以完成本项研究，得以近距离接触这些优秀的女性并为她们故事而感动、感染。

最后，向玛丽·欧克瓦克校长、何珀·辛西娅·萨德扎校长、艾琳·莫特拉纳校长致敬！相信，你们的故事，必将启迪和激励更多的女性走向精彩人生！

张艳秋

图书在版编目(CIP)数据

非洲大学女校长/张艳秋等著. —北京:中国传媒大学出版社,2014.9

ISBN 978—7—5657—1116—9

Ⅰ. ①非… Ⅱ. ①张… Ⅲ. ①高等学校—女性—校长—人物研究—非洲—现代
Ⅳ. ①K834.054.6

中国版本图书馆 CIP 数据核字(2014)第 168721 号

非洲大学女校长

著　　者	张艳秋等
责任编辑	欧丽娜
责任印制	曹　辉
封扉设计	创意源文化艺术
出 版 人	蔡　翔
出版发行	中国传媒大学出版社
社　　址	北京市朝阳区定福庄东街 1 号　邮编:100024
电　　话	86—10—65450528　65450532　传真:65779405
网　　址	http://www.cucp.com.cn
经　　销	全国新华书店
印　　刷	北京艺堂印刷有限公司
开　　本	670mm×970mm　1/16
印　　张	14.75
字　　数	170 千字
版　　次	2014 年 9 月第 1 版　　2014 年 9 月第 1 次印刷
书　　号	ISBN 978—7—5657—1116—9/K・1116　　**定　　价**　55.00 元

国家出版基金项目　教育部人文社科重大委托项目

探寻世界女子高等教育的发展轨迹　展现大学女校长的治校理念与风采

“世界大学女校长　女子大学”丛书

总顾问　陈至立　　主编　刘继南

丛书涉及 23 个国家的女子高等教育　34 个国家 80 余位大学女校长

吴贻芳——金陵女子大学校长
谢希德——复旦大学校长
常沙娜——中央工艺美术学院院长
庞瑶琳——北京化工学院院长
陈乃芳——北京外国语大学校长
回春茹　张礼玺——中华女子学院院长
山红红——中国石油大学校长
胡大白——黄河科技学院院长
秦　和——吉林华桥外国语学院院长
包德明——台湾铭传大学校长
钟期荣——香港树仁大学校长
成嘉玲——台湾世新大学校长

阿丽扎·申哈——以色列厄梅克学院院长
戴·叶布瑞——澳大利亚麦考瑞大学校长
居尔松·萨拉莫——伊斯坦布尔科技大学校长
杰奎琳·里博格特——美国埃莫森学院校长
克里斯汀——冰岛大学校长
坤仁·苏查达·吉拉南——泰国朱拉隆功大学校长
玛利亚·埃莱娜·纳扎雷——葡萄牙阿威罗大学校长
玛娜娜·萨那泽——格鲁吉亚大学校长
玛维琳娜·秀茨——美国迪拉德大学校长
曼珠·米舍尔——尼泊尔新闻与大众传播学院院长
英格瑞德·莫西斯——澳大利亚新英格兰大学校长
朴东顺——韩国东西大学校长
水田宗子——日本城西大学校长
张蕴礼——夏威夷大学希罗分校校长

朱迪斯·甘丽雅——新西兰梅西大学校长
朱迪斯·伍兹沃斯——加拿大康考迪亚大学校长
朱慧琼——津巴布韦非洲女子大学董事长

澳大利亚大学女校长
大学女书记们
大学女校长们
俄罗斯大学女校长
法国大学女校长
非洲大学女校长
芬兰大学女校长
韩国大学女校长
美国常春藤大学女校长
美国五姐妹女子学院校长
塞尔维亚大学女校长
意大利大学女校长
印度大学女校长
英国大学女校长
中国大学女校长

世界女子大学
美国女子大学
韩国女子大学
日本女子大学
中国女子高等教育

智慧的靓影——世界大学女校长论坛精彩瞬间

传媒人书店
（For IOS）

微信关注我们

访问我们的主页

丛书相关资源和中国传媒大学出版社信息　网站下载 http://www.cucp.com.cn
世界大学女校长论坛及丛书信息　网站下载 http://lady.163.com/special/sense/nvxiaozhang.html